十二支の四字熟語

諏訪原 研
Ken Suwahara

大修館

はじめに

私たちが日ごろ使っていることばの中に、四字熟語がひょっこり顔を出すことがある。たとえば、「家庭菜園は趣味と実益を兼ねた一石二鳥《いっせきにちょう》のかしこい庭の使い方です」という朝刊の生活面の記事が目に入ったり、「一代で財を築いたうちの社長は海千山千《うみせんやません》のやり手だなあ」と一杯飲み屋で同僚と社長の噂をしたり、「○○代議士は、選挙時の公約と当選後の政治姿勢がまるっきり違う。あれでは羊頭狗肉《ようとうくにく》といわれても仕方がない」というテレビのコメンテーターの辛口批評を耳にしたりする。

いまの例でもわかるように、四字熟語は、ある出来事や事態を四つの漢字で的確にからめ取り、それを含蓄のある表現で効果的に伝える働きをする。だから、時に使われるこれらの四字熟語は、まるで料理のなかのスパイスのように、私たち日本人の言語表現を味わいのある豊かなものにしてくれるのである。

私がこの本を書こうと思い立ったのは、このような四字熟語の背後にある興味深い故事を紹介して、四字熟語に対する理解を楽しみながら深めてもらおうと考えたからである。

　しかしながら、四字熟語の総数は一冊の辞書ができるほど多く、故事来歴のあるものだけに絞ったとしても、とうていすべてを取り上げることはできない。また、一口に四字熟語といっても、その成り立ちや性格にはおのずと違いがあり、取り上げ方には工夫を要する。

　たとえば、成り立ちという点でいえば、さきほど例に挙げた「羊頭狗肉」は、中国の古典に由来する熟語で、四字熟語の多くがこの部類に属するが、「海千山千」は、訓読みをまじえた変わった読み方からも察しがつくように、わが国で生まれた熟語である。また、「一石二鳥」は、イギリスのことわざであったものを、わが国の明治期の先達が漢文調に翻訳して新たに作り出した熟語である。

　一方、性格という点でいえば、世に出ている四字熟語辞典の多くが採録している「虎穴虎子《こけつこし》」は、「虎穴に入らずんば虎子を得ず」という成句を単に四字の語に短縮したもので、四字熟語としての用例はほとんど見かけない。したがって、これが四字熟語と言えるかどうか議論の分かれるところである。また、「水魚之交《すいぎょのまじわり》」も、固有の意味を持たない助字「之」で「水魚」と「交」の間をつないで四字の語にしたもので、四つの有意味な漢字から成る語という四字熟語の原則に照らせば、これも四字熟語と言えるかどうか疑わしい。

このように、実にさまざまな四字熟語がある中で、読者に興味や関心を持ってもらえる四字熟語の本を書くには、どういった視点に立ち、どういった語を選び取るのかという切り口を考える必要がある。

そこで、私が目を付けたのは、日本人になじみの深い十二支（子《し》、丑《ちゅう》、寅《いん》、卯《ぼう》、辰《しん》、巳《し》、午《ご》、未《び》、申《しん》、酉《ゆう》、戌《じゅつ》、亥《がい》）を表す動物たちである。数多い四字熟語の中から、十二種類の動物（ネズミ、ウシ、トラ、ウサギ、竜、ヘビ、ウマ、ヒツジ、サル、トリ、イヌ、イノシシ）にまつわる四字熟語に絞り込めば、数量としても程よいものになるだろうし、観点としてもおもしろいと考えたのである。

つまり、この本は、十二支そのものや、十二支と動物との関係を解き明かすのが目的なのではなく、十二支に割り当てられた動物の名を借りて、膨大な数の四字熟語をちょっとだけつまみ食いして、四字熟語に慣れ親しむきっかけを提供しようという魂胆なのである。

この本に収録した十二種類の動物にまつわる四字熟語からは、昔の人（主に中国人）がそれぞれの動物をどのように見ていたかという、一種の動物観がうかがわれる。それと同時に、それらの熟語に込められた寓意を手がかりに、人間や社会に対する昔の人のものの見方考え方を推察することもできる。さらに、それらの熟語の背景にある、成立した当時の文化のありようや時代の息吹までもが感じ取られることもある。

この本がきっかけとなって、読者諸氏と四字熟語との距離が縮まり、他の四字熟語に対しても興味や関心を抱いていただけるようになったら幸いである。

また、十二支にまつわる四字熟語はほとんど網羅しているので、干支《えと》が話題になる年末年始の公の席でのスピーチや、年賀状の文句、あるいはプライベートな場での会話のネタとしても大いに利用していただきたい。

［目次］

子・ネズミ・鼠

ネズミは、今から約六五〇〇万年前の白亜紀末に、ウサギと共通の先祖から枝分かれして、今のような形状に進化したらしい。そういえば、ネズミとウサギは、耳を別にすると、顔つきがどことなく似ているような気がしないでもない。

生息地は地球上のほぼ全域にわたっており、ネズミがいないのは南極大陸だけということになっているが、各国の観測基地があちこちに置かれている現在では、これも怪しい。

ネズミの種類は多種多様であるが、生態的に区分すると、人家に巣食っている家鼠《かそ》類と、野山に生息している野鼠《やそ》類とに大別される。そして家鼠にしろ野鼠にしろ、われわれ人間の生活に何かと

実害をもたらすことから、十二支に当てられている動物の中でも、とりわけ嫌われているものの一つである。

盗みのうまいネズミ

ネズミの行動形態は、他の哺乳類と比べるとかなり特殊で、活動するのは夜に限られる。そういう習性もあって、人間世界ではよく盗人にたとえられる。

盗人は、「盗人の昼寝」ということわざもあるように、昼間に寝てエネルギーを蓄えておき、あたりが寝静まった夜、やおら起き出してきて、こっそり悪事を働くが、そういうところがネズミにそっくりだからである。

そこでまず、ネズミを盗人にたとえた「**鼠窃狗盗**《そせつくとう》」という語を見てみよう。「鼠窃」は、ネズミのようにこっそり盗むこと。「狗盗」も、イヌのようにこっそり盗むことで、あわせて、「こそ泥」を意味する。この語は、司馬遷の『史記』叔孫通伝《しゅくそんとう》の、次のような記述にもとづく。

秦末に、山東の地で陳勝《ちんしょう》が反乱を起こすと、二世皇帝胡亥《こがい》は、学者や大臣たちを招集して陳勝軍の性格を議論させた。ほとんどの者が、陳勝軍を反乱軍と規定したのに対し、叔孫通は皇帝にこびへつらって、次のように述べた。

「明君が上《かみ》におわし、法令が下《しも》に完備して、人は各自その務めに励み、四方から入朝する車が引きも切らぬありさまです。どうして反逆をくわだてる者などおりましょうか。

此れ特《た》だ群盗の、鼠窃狗盗するのみ。何ぞ之《これ》を歯牙《しが》の間に置くに足らんや」

（奴らはただの盗人ども。隠れてこそこそ物を盗むネズミやイヌのような輩《やから》にすぎません。歯牙《しが》にかけるにも値しません）

明君の統治下で反乱など起きるはずがない、という叔孫通のお追従《ついしょう》を真に受けて、気をよくした皇帝は、情勢分析をあやまり、積極的な手立てを講じなかった。そのため、陳勝のまいた反乱の火種は全国に広がり、結局、秦帝国は次の子嬰《しえい》の御代に、たったの十五年でその幕を閉じることになる。

この故事から、取るに足りない「こそ泥」のことを、「鼠窃狗盗」というようになった。「鼠窃」「狗盗」は、それぞれ単独でも盗人の意味があり、他に、「鼠盗《そとう》」「鼠賊《そぞく》」などの「鼠」を冠した類語がある。

なお、この故事は、取り上げて議論する値打ちもないという意味の、「歯牙にもかけない」という成語の出典でもある。

ところで、盗人を意味する語に「梁上君子《りょうじょうくんし》」（梁上の君子）という変わった表現がある。字面だけから言えば、梁《はり》（屋根を支えるために天井に通してある大きな横木）の上にいる君子（徳のある立派な人）という意味であるが、それがどうして盗人の意味になるのだろうか。『後漢書』陳寔《ちんしょく》伝に、次のような話が見える。

後漢末の地方官陳寔は、徳行で世評の高い人物であった。ある晩、梁の上にひそんでいる盗人に気づき、子や孫たちを呼びつけて、教え諭してこう言った。

「悪人も、もともと悪人だったわけではない。悪行を重ねるうちに、それが習慣となって悪人になっていくのだ。いま梁の上にいらっしゃる君子がそのいい例だ。」

これを聞いていた盗人は感じ入り、神妙に梁から下りてきて、陳寔に謝罪したという。

この故事から、盗人のことを「梁上君子」というようになったのであるが、ネズミも盗人と同じように夜の屋根裏をこそこそ動き回るところから、ネズミのことを洒落《しゃれ》てこのようにいう場合もある。

ネズミはわが国でも盗人と関係が深く、江戸後期に義賊として人々の喝采を浴びた盗人は、「ねずみ小僧」と呼ばれた。ねずみ小僧は実在の人物で、名を次郎吉といい、十年間に約百回、およそ一万二千両もの大金を盗んだという。最後は、江戸中引き回しのうえ獄門になったが、盗みに入った先が大名屋敷ばかりだったので、特権階級に対するやっかみもあって、庶民からは義賊ともてはやされ、芝居や講談のよいネタになった。実際は、盗んだものを貧民に分け与えるというような、義賊的な行為はなかったという。

ネズミの逆襲

夜の天井裏をわがもの顔に這い回るネズミにも恐いものがある。暗闇の中でも見える特殊な目をそなえた天敵のネコである。

私が子供の頃に飼っていたネコは、栗毛だったところから名をクリといい、ネズミをとるのがうまかった。その頃は人間の食べるものさえろくにない時代だったから、今のキャットフーズみたいなご馳走があるわけでもなく、クリはいつも腹をすかせていた。それで、自分の食糧を調達すべく、夜な夜な天井裏でネズミを追い駆けまわし、ものにしていたようである。

ヘビににらまれたカエルは恐怖のあまり身がすくんでしまうというが、ネコに追い詰められたネズミはどうするのだろう。クリのように猟のうまいネコであれば、ネズミに考える暇も与えないだろうが、それでも何とかして窮地を脱しようと、最後の抵抗を試みるに違いない。

そういうせっぱ詰まったネズミの、最後のあがきともいえる抵抗精神を表現した語に、「**窮鼠《きゅうそ》噛《ごう》**

猫《びょう》」（窮鼠、猫を噛む）がある。「窮」は、進退窮まること。ネコに追い詰められて逃げ場を失ったネズミが、逆にネコに噛みつく意から、弱い者でも、絶体絶命の窮地に追い込まれたら、思いがけない力を発揮して、強い者に勝つこともあるということをたとえていう。

前漢の桓寛《かんかん》が編纂した『塩鉄論《えんてつろん》』（塩と鉄の専売をめぐる経済政策論）のなかに、次のような記述がある。

死して再びは生きざれば、窮鼠、狸《り》を齧《か》む。……陳勝《ちんしょう》・呉広《ごこう》これなり。

（死んだら、二度と生き返ることが出来ないので、追い詰められたネズミはネコに噛みつくのである。………陳勝・呉広の反乱はまさにそれだ）

ここでは「狸」の字が使われているが、これは、タヌキ、または野性のネコを意味している。また、「齧」は、「噛」と同じく「かむ」意で、もともと別字であるが、今では簡便な「噛」がもっぱら用いられる。

この文は、法律による厳しい統制を行うと、かえってしっぺ返しを喰うことになるということを、秦末の農民反乱を例にとって述べているわけだが、その首謀者陳勝は、さきほどの「鼠窃狗盗」のところでも出てきた人物である。そこで、この陳勝について簡単にみておこう。

陳勝（字《あざな》は渉《しょう》）は一介の日雇い農民であったが、ある日のこと、北辺の守備兵に徴発され、小隊長として農民たちを漁陽《ぎょよう》（今の北京市の東北部）まで引き連れて行くことになった。ところが、折からの大雨で道路が不通になり、何日も足止めされた。秦の厳しい法律では、期限内に到着しなければ、理由のいかんを問わず、斬首の刑に処せられることになっていた。

その後の陳勝の行動は、司馬遷の『史記』陳渉世家に詳しいが、それによると、陳勝はもうひとりの小隊長の呉広と謀って、いちかばちかの反乱にうって出ることにした。

こうして、中国の歴史始まって以来の、大規模な農民反乱が起きることになった。彼らの捨て身の決起が功を奏し、その後、反乱軍は快進撃を続け、やがて、陳（今の河南省淮陽《わいよう》）に進軍して、この地で張楚《ちょうそ》という国を興すまでになるのである。

『史記』の記述を借りれば、「行くも死、逃げるも死、残された道は反乱を起こすしかない」というせっぱ詰まった状況に追い込まれた陳勝と呉広は、さきの『塩鉄論』でたとえられたように、まさしく「窮鼠」にほかならなかったのである。そして、この場合のネコに相当するのは、秦朝政府ということになろうか。

いま見てきた「窮鼠噛猫」と似た意味の語に、「**禽困覆車**《きんこんふくしゃ》」（禽《きん》も困《くる》しめば車を覆《くつがえ》す）という熟語があるので、ついでに説明しておこう。

「禽」は、ふつう鳥類のことだが、ここでは鳥獣の総称である。「困」は苦しむこと。捕らえられて苦しんでいる獣が、死に物狂いになって猟車をひっくり返す意から、弱いものでも、追い詰められると、意外に大きな力を発揮することをたとえていう。出典は『史記』甘茂伝《かんぼう》による。

ネコと同棲するネズミ

いまの「窮鼠噛猫」でも見たように、ネコはふつうネズミにとって不倶戴天《ふぐたいてん》の敵である。ところが、その相容れない敵同士が仲良く暮らすことを意味する、「**猫鼠同眠**《びょうそどうみん》」という熟語がある。

これは、ネコとネズミが一緒に眠る意から、捕まえる者（捕吏《ほり》）と捕まえられる者（盗人）とが狎《な》れ合うこと、または、上下関係にある上役と下役が、結託して悪事を働くことをいう。

『新唐書』五行志一に、次のような記述がある。

洛《らく》州のネコとネズミは、いっしょに暮らしているという。ふつう身を隠すのが習性のネズミは、盗人にたとえられ、ネコは、そのようなネズミを捕まえ、食べてしまうのが仕事のはずだ。ところが反対に、ネコがネズミと住みかをともにしているのは、盗人を捕まえるべき役人が、その仕事を放り出して悪人を許容しているのと同じである。

これが「猫鼠同眠」の典拠であるが、原文にある表現をそのままとって、「**猫鼠《びょうそ》同処《どうしょ》**」（猫鼠、処《ところ》を同じくす）ともいう。本来、食うものと食われるもの、支配するものと支配されるものといった関係にあるものが、そのような関係を解消し、新たに利害の一致する同盟関係を築くような場合を意味する。

したがって、力が拮抗し合っている敵同士が仲良く

する「**呉越同舟**」とは、少し意味合いが違う。

陰険な家来

ネズミは、人目につかないところでこっそり悪さをするので、盗人のほかにも、後ろ暗い陰険な人物にたとえられることもある。

たとえば、「**城狐社鼠**《じょうこしゃそ》」という語がある。「城狐」は、町を取り囲んでいる城壁にすむキツネ、「社鼠」は、土地神を祭る社《やしろ》にいるネズミのことで、城壁の中や社という安全なところに巣くって悪さをするキツネやネズミのことから、君主や権力者のかげに隠れて悪事を働く側近の家来、いわゆる「君側《くんそく》の奸《かん》」(「奸」は悪人の意)をたとえていう。また、そのような君側の奸は、退治することがなかなか難しいことをいう。

『晋書《しんじょ》』謝鯤《しゃこん》伝に、次のような話がみえる。

三国時代の後を受けて司馬氏が立てた晋が、四世紀の初めに異民族の侵入によって滅亡すると、難を逃れた司馬氏の一部と貴族たちは江南に移住し、建康(今の南京)に都を定めて晋王朝を再興した。これを東晋という。

東晋では、当初、王朝の再興に功績のあった王氏一族が朝廷内で羽振りを利かせていた。そ

の一族のひとり左将軍の王敦《おうとん》が、自分たち王氏の権威を削《そ》ごうと画策する帝の側近、劉隗《りゅうかい》を討伐しようと思い、盟友である謝鯤に、

「劉隗は悪党だ。このままだと国が危うい。ここで決起して、君側の奸を除き、主君を諫め、時世を救おうじゃないか」

と相談すると、謝鯤は次のように答えた。

「**隗は誠《まこと》に禍《わざわい》を始む。然《しか》れども、城狐社鼠なり**」

（劉隗は確かに災いの種だが、城中に住みついたキツネ、社に居ついたネズミのようなもので、除くのはなかなか骨が折れるよ）

ここから、権力者の陰に隠れて悪事を働く人物のことを、「城狐社鼠」というようになった。

ところで、社に居ついたネズミを追い出したり捕まえたりするのは、なぜ容易なことではないのかというと、昔はネズミを屋外に追い出すのに、建物の近くで火を燃やして燻《いぶ》り出していたが、社殿の近くで火を燃やすと、火の粉が社殿に飛んで燃え移る恐れがあり、燻りだすことができないからである。

この「城狐社鼠」と似た意味を持つ語に、『漢書』賈誼《かぎ》伝に出てくる「**投鼠忌器**《とうそきき》」（鼠に投ずる

に、器を忌《い》む）という熟語がある。ネズミに物を投げつけて撃ち殺そうと思うが、その近くにある器物を傷つけるのを恐れて手控えるという意味である。ここでの「鼠」を悪臣、「器」を君主のたとえにとると、君側の奸を除こうとして、かえって君主を傷つけてしまうことを恐れ、なかなか実行できないという意味になる。

サイズは〝S〟

ネズミに関する成語のなかでよく知られたものに、「大山鳴動《たいざんめいどう》してネズミ一匹」というのがある。これは、大騒ぎをしたわりに、大したことのないことをたとえていう。「**大山鳴動**」などという四字熟語をしつらえていることから、いかにも漢籍を典拠とする言葉のように思われがちだが、実は、古代ローマの詩人ホラティウスが、当時の詩人たちの大げさな表現を皮肉って言った言葉（ラテン語）の翻訳である。

原文を忠実に訳せば、「山々が産気づき、滑稽なネズミが生まれる」となるそうだが、漢文の素養のあるわが国の翻訳者によって、漢文調を帯びることになったのである。それにしてもうまい訳だ。「大山」と「ネズミ」、大と小のコントラストがよくきいている。

ネズミは、このように洋の東西を問わず、小さなもの、取るに足りないつまらないもののたとえとして用いられる。

たとえば、『荘子』大宗師《だいそうし》篇から出た「**虫臂鼠肝**《ちゅうひそかん》」という語があるが、これは、虫の臂《ひじ》（腕）やネズミの肝《きも》は、どちらもきわめて小さいことから、取るに足りないものをたとえていう。

また、「**羅雀掘鼠**《らじゃくくっそ》」（雀《すずめ》を羅《あみ》し、鼠を掘る）という語でも、ネズミはスズメとともに、禽獣の中でもつまらない小さなものの代表として使われている。この熟語は、網を張ってスズメを捕らえ、地中の巣を掘ってネズミを捕らえて食べるくらいに、食べる物が不足して、ひどく困窮している状態をたとえていう。

出典は『新唐書』張巡《ちょうじゅん》伝で、唐の玄宗の御代に起こった安禄山の乱のとき、食糧が尽きてしまった張巡は、スズメやネズミはもちろん、鎧《よろい》や弩《いしゆみ》をも煮て食べたという。武具まで口に運ぶ状況など、想像を絶する。

もうひとつ、ネズミの小ささにスポットを当てた語に、「**飲河満腹**《いんがまんぷく》」（河に飲みて、腹を満たす）がある。黄河の水を飲んで小さな腹を満たすことをいうが、転じて、人は各自その分を守るのがよいことをたとえていう。

出典は『荘子』逍遥遊《しょうようゆう》篇で、許由《きょゆう》という有徳の人物が、聖天子の堯《ぎょう》から天下を譲ろうと持ちかけられたとき、その申し出を次のように言って断ったという。

鷦鷯《しょうりょう》、深林に巣くうも、一枝《いっし》に過ぎず。偃鼠《えんそ》、河に飲むも、腹を満たすに過ぎず。

（鷦鷯は深い林に入って巣を作っても、わずかに一本の枝を使うにすぎない。偃鼠が黄河の水を飲んでも、その小さな腹を満たす程度の量に過ぎない）

前の句にある「鷦鷯」は、和名を「ミソサザイ」といい、全身がこげ茶色の小さな野鳥である。その鷦鷯が巣を作るとき、奥深い林には無数の木の枝があるにもかかわらず、自分の巣に見合った枝を一本だけ選んで、それで満足している。

後の句の「偃鼠」は、ドブネズミ、または、モグラのこと。偃鼠が渇いたのどを潤すとき、黄河には大量の水があるにもかかわらず、自分の腹を満たすだけの水を飲んで、それで満足している。

つまり、鷦鷯も偃鼠も、己《おのれ》の分というものをちゃんとわきまえて、そこに安んじ（安分）、足ることを知っている（知足）。そして、自分も、これらの鷦鷯や偃鼠と同じく、いまの生活に十分満足しているので、天下を治める気など毛頭ない、というのである。

この故事から、足ることを知り自分の境遇に満足する、いわゆる「知足安分」の心境を意味する、「**巣林一枝**《そうりんいっし》」あるいは「飲河満腹」という二つの熟語ができた。

高潔な人士の奇行

堯からの禅譲の申し出を断った後、許由はどうしたか。ネズミとは関係ないが、とても興味深い話なので、少し触れておこう。

晋の皇甫謐《こうほひつ》の著した『高士伝』によると、許由はその後、世人の前から姿を消して箕山《きざん》（山の所在地については諸説ある）に隠遁《いんとん》し、俗な汚らわしいことを聞いたと言って、潁川《えいせん》で耳を洗ったという。

ところが、ここにもうひとり、巣父《そうほ》という隠者がいて、たまたま、子牛に水を飲ませるために、潁川にやって来た。巣父というのは変な名前だが、これは、彼が年老いてから樹上に巣をつくって住んでいたからだという。

巣父は、許由が川で耳を洗ったわけを彼から聞くと、あんたが人目に立ちたがるからそんな俗なことを聞く羽目になるんだ、ああ汚らわしいと言って、さらに上流まで子牛を連れて行き、水を飲ませたという。

上には上がいたものである。禅譲の対象になること自体、まだ俗事から抜け切れていない証拠であると喝破するのである。この巣父こそ、隠者の極みと言えようか。

この、箕山に隠棲した許由や巣父のように、世俗を超脱して、己の節操を守り抜こうとすることを、「**箕山《きざん》之志《のこころざし》**」または「**箕山之節《せつ》**」という。

ネズミの日和見《ひよりみ》

さて、ネズミにまつわる四字熟語も、そろそろ少なくなってきたが、最後に、ちょっとコミカルなものを取り上げよう。

ネズミは肉食動物、とりわけ猫から食べられないように、見つけられやすい昼間は巣穴でじっとしていて、エサ探しなどは夜行う。また、危険を察知したらすぐさま巣穴に引っ込み、しばらく周囲の状況を観察して安全が確認されてから、慎重に行動を再開する。

このような「慎重居士《しんちょうこじ》」の権化みたいなネズミの行動のある一コマを、コミカルにとらえた熟語に、『史記』魏其武安侯《ぎきぶあんこう》伝から出た「**首鼠両端**《しゅそりょうたん》」がある。「首鼠」は、巣穴から首だけ出している鼠のことで、どちらにするか迷う意を表す。「両端」は「両端を持す」ともいい、一つだけ選ばないといけないのに、両方に心がひかれて決めかねることをいう。合わせて、「首鼠両端」は、ネズミが穴から首だけ出して、あたりをキョロキョロ見回している図で、ぐずぐずして次の行動を決められない、優柔不断な態度をたとえていう。

たとえば、天下の趨勢を決める一大決戦に参戦するとき、どちらの陣営に加担するか決めかねて躊躇したり、あるいは、形勢をうかがって、態度を留保したりすることをいう。こういう態度は、船頭が空模様を見てから船を出すかどうか決める態度に似ているので、日和見主義ともいう。

なお、『後漢書』西羌《せいきょう》伝にも、これと類義の「**首施両端**《しゅしりょうたん》」（「首施」は首だけ外にさらすこと）という語がある。

これまでネズミにまつわる四字熟語を見てきたが、そこに登場するネズミは、盗人や陰険な家来などのたとえであり、評判があまりよくないようだ。しかし、「窮鼠噛猫」や「城狐社鼠」といった熟語からは、弱小な生き物であるがゆえの必死な生き方や知恵を絞った生き方が伝わってくる。

封建社会の中でうだつの上がらない下級官吏や、重税に苦しめられる一般庶民は、そういうネズミの姿に己の姿を重ね合わせ、バカにしたり嫌ったりしながらも、ひそかなエールを送っていたのではなかろうか。

丑・ウシ・牛

ウシ科の動物には、バッファロー、バイソン、バンテン、ヤク、スイギュウなどがいるが、ウシは、それらの野性牛とは区別される家畜牛の総称である。

家畜化される以前の、いわゆる原牛は、十七世紀初頭までヨーロッパの森林に生息していたオーロックスという種で、これは体高一・八メートル、体重六〇〇〜九〇〇キロ、角の長さが九〇センチ近くもある、大型のウシだったという。今は残念ながら絶滅している。

ウシの家畜化は、紀元前七〇〇〇年ごろから、メソポタミアをはじめとする西アジアの農耕文化の発生とともに始まったといわれている。はじめは農耕用として家畜化され、乳や肉の利用は、あ

とから派生した副次的なものだった。

日本や中国のウシは西方からもたらされたもので、農耕用や運搬用、さらには祭祀用として、昔の人々の生活には欠かせない家畜だった。また、生前だけでなく死後の骨まで利用され、たとえば殷《いん》代に占いの内容を甲骨文字で記した獣骨も、ウシの肩甲骨である。

一本の毛ほどの軽い命

ウシに関する四字熟語のなかでも、よく知られているものに、「**九牛一毛**《きゅうぎゅういちもう》」（九牛の一毛）がある。しかし、この語が、あの中国最初の正史『史記』を著した漢の司馬遷《しばせん》が、下級役人としての自分の命の軽さを嘆いたつぶやきから生まれたということは、案外知られていない。

「九牛」の「九」は、「一毛」の「一」と対比させて、数量の多さを強調するためのレトリックで、たくさんの牛のこと。そのなかの一本の毛ということから、取るに足りない、微細なことをたとえていう。

司馬遷は、北方の異民族、匈奴《きょうど》との戦いに敗れた李陵《りりょう》を弁護したために武帝の怒りに触れ、死刑を宣告されたが、願い出て宮刑《きゅうけい》（男性の生殖器を切って断種させる刑）に減刑してもらった。そのときの心境を、友人の任安《じんあん》に宛てた手紙のなかで、次のように述べている。

仮令《たと》い、僕、法に伏し誅《ちゅう》を受くるも、九牛の一毛を亡《うしな》えるがごとし。螻蟻《ろうぎ》と何を以て異ならん。

（たとえ、記録を司る微役な私が、法で裁かれ処刑されても、武帝にとっては、九牛が一毛を失うように取るに足りないことであり、ケラやアリが死んでいくのと何の違いもないのです）

自分の死は、帝にとっては虫けらの死と同じで、一本の毛ほどの値打ちしかない。ならば死ぬ意味はない。生きて、父司馬談《しばだん》から託された歴史編纂の仕事を完成しよう。司馬遷は、自分と同じように心ならずも囚われの身となり（任安は皇太子劉拠《りゅうきょ》の謀反に連座して獄中にあった）、刑の執行を待つ友人に、自分が諫死《かんし》（天子を諫《いさ》めて死ぬ）という格好いい死に方を捨て、あえて宮刑という生き恥をさらすような道を選んだ心のうちを、こう書き綴っているのである。

李陵の敗戦については、『史記』や『漢書』に簡単な記述がある。それによると、李陵が五千の歩兵部隊で敵地に侵入をはかってすぐ、運悪く匈奴の本隊三万騎と遭遇してしまう。そうなるといくら勇猛果敢な部隊でも結果は目に見えている。必死の抗戦もむなしく、結局、匈奴の軍門に降ることになった。

漢の朝廷では、群臣のほとんどが、敵に降伏した李陵の罪を声高に言い立てたが、ただ一人、李陵の無罪を主張したのが司馬遷である。彼は、李陵が無勢ながら逃げずに奮戦し、兵士たちも李陵の人柄を慕って最後まで戦ったこと、匈奴に降伏したのは後日の捲土重来《けんどちょうらい》を期してのことであったことなどを、武帝に熱心に説いた。

司馬遷は、李陵と特に親しいわけではなかったが、「義を見て為《な》さざるは勇無きなり」（『論語』為政篇）という思いから、やむにやまれず弁護したものと思われる。

しかし、このときの武帝は、李陵が異民族に大敗北を喫して大漢帝国の面目をつぶしたばかりか、自決もせずおめおめと生き残っているという報告を聞いて、怒り心頭に発しており、司馬遷の諫言などまったく聞く耳を持っていなかった。しかも、そういう恥さらしの李陵を弁護する司馬遷までもが、憎らしく思えたのである。

こうして、司馬遷は死刑を宣告され、そのときの悲憤慷慨《ひふんこうがい》した心境を、「九牛一毛」という卓抜な比喩で表現したのである。

なお、これと類義の語に、宋の蘇軾《そしょく》の「前赤壁《ぜんせきへき》の賦《ふ》」から出た「**滄海一粟**《そうかいいちぞく》」（滄海の一粟）がある。「滄海」は、青々とした大海原《おおうなばら》、「一粟」は、一粒の粟《あわ》、または穀物の総称で、大海の中の一粒の粟の意から、広大なもののなかの、極めて小さいものをたとえていう。

体のでかいのが取り柄

微細なもののたとえである「九牛一毛」は、「九羊」でも「九犬」でも「九猿」でもなく、とりわけ「九牛」であるところが味噌である。つまり、家畜の中でもウマと並んで大きなウシを用いることで、「一毛」とのコントラストが、より際立つことになるのだ。

こういうウシの特性、つまり、ほかの家畜より体がでかいという特徴をうまく利かした熟語に、「**鶏口牛後**《けいこうぎゅうご》」がある。これについては「トリ」の章で詳述するので（二二五ページ）、そちらを見てもらうことにして、ここではウシと虫の取り合わせになる語を二つ紹介しよう。

まず、『説苑《ぜいえん》』（前漢の劉向《りゅうきょう》著）から出た「**蚊虻走牛**《ぶんぼうそうぎゅう》」（蚊虻、牛羊を走らす、の略）という語がある。「蚊虻」は、カとアブのこと。小さなカやアブがウシにうるさくまとわりつき、それを嫌うウシがその場から退散するという意で、小さなものが、大きなものを制することをたとえていう。

相撲の世界で、小兵《こひょう》力士が大型力士を破ったときなどに使う「小よく大を制す」という表現と同じである。

この語はまた、小さなことが原因で、大きな事件や災難を引き起こすたとえでもある。

ことわざや成句には、必ず反対のことをいう語があるもので、いまの「蚊虻走牛」とはまったく逆のことを意味する、「**蚊子咬牛**《ぶんしこうぎゅう》」（蚊子、牛を咬《か》む）という語がある。「蚊子」の「子」は、小さい意を表す接尾語で、「蚊子」は、小さな力という意味。小さな力が大きな牛を咬んでも、牛にとっては痛くも痒くもないことから、小さなものが大きなものに影響力を及ぼすことができないことをたとえていう。

また、蚊に視点を当てると、自分の力もわきまえず、大きなものに立ち向かって無駄な抵抗をすることのたとえにもなる。

後者の意味の類義語には、『荘子』人間世篇《じんかんせい》から出た「**蟷螂之斧**《とうろうのおの》」がある。「蟷螂」はカマキリのことで、春秋時代の斉の荘公が猟に出たとき、その馬車に向かってカマキリが足を振り上げて、馬車の進行を妨害しようとしたという話が伝えられている。

蔵書はガラクタばかり

数年前、予備校で知り合ったある講師の家におじゃましたことがあったが、その講師はたいへんな蔵書家で、一室をまるまる書籍庫にあてていた。本業はキリスト教の牧師で、その後まもなく他所に転勤されて行ったが、あの蔵書の量から考えて、引っ越しはさぞかし大変だっただろうと思う。

大量の蔵書を牛とからめて表現した熟語に、「**汗牛充棟**《かんぎゅうじゅうとう》」（牛を汗《あせ》せしめ、棟《むなぎ》に充《み》つ）という割とよく知られた語がある。

これは、牛車に本を積んで運ぶと、牛が汗をかき、家の中に積み上げると、本が棟にまで届いてしまう意から、蔵書が極めて多いことをたとえていう。言葉の感じから、さぞかし勉強家が長年かけて蓄えた良書の山を言うのだろうと思いきや、どうもそうではないらしい。

出典は、唐の文人柳宗元《りゅうそうげん》の、「陸文通先生墓表」という墓誌銘の次のような一節である。

孔子が『春秋』を編纂して以来、自分の名を冠して注釈書を著した者が五名いたが、いま残っているのは、そのうち、三名の書いたものである。しかし、これら以外にも、木簡を手にとり、思いを焦がして、注釈を書いた者は数知れない。彼らは、人の注釈のアラを鋭く攻め立て、語気を強めて非難し、たたきつぶそうとする。

その書たるや、処《お》けば、すなわち棟宇《とうう》に充ち、出だせば、すなわち牛馬を汗《あせ》せしむ。

（そういった書物を家の中に置くと、建物がいっぱいになり、運び出そうとすると、牛馬に汗をかかせるほどである）

原文では、「棟宇に充つ」、「牛馬を汗せしむ」となっているが、四字句の簡潔な表現にするために、「棟宇」の「宇」と、「牛馬」の「馬」が脱落した。また、原文では「充棟」が先に出てくるので、「**充棟汗牛**」ともいう。

柳宗元は、いまの文章にすぐ続けて、孔子の意図に合致していながら、世から消滅した注釈書がある一方、孔子の意図に背くものでありながら、世にもてはやされて今に残る注釈書もある、と嘆いている。このことから、彼のいう「汗牛充棟」の書の多くは、孔子の意図を正しく汲んでいない、いわば悪書であるということがわかる。この熟語が、もともと否定的なニュアンスを含んでいたというのは、ちょっとおもしろい発見である。

なお、類義語として、南北朝時代の劉勰《りゅうきょう》著『文心《ぶんしん》雕竜《ちょうりょう》』から出た「**載籍浩瀚**《さいせきこうかん》」がある。「載籍」は、事柄を記載した書籍のこと。「浩瀚」は、もともと湖水の広大なさまをいうが、転じて、物の量が多いことをいう。あわせて、書物の多いことを意味する。

過ぎたるは何とやら

『論語』先進篇に、「過ぎたるは、猶《な》お、及ばざるがごとし」（過剰なものは、足りないものと同様によくない）という言葉がある。これは弟子たちを評した孔子の有名な文句であるが、それと同様の趣旨の、「**矯角殺牛**《きょうかくさつぎゅう》」（角《つの》を矯《た》めて、牛を殺す）という熟語がある。

「矯」は正すことで、「矯角」は、曲がっている角をまっすぐにすること。つまりこの熟語は、角をまっすぐに直そうとして、ウシそのものを殺してしまうことをいう。そこから、少しの欠点を直そうとして、かえって全体を駄目にしてしまうことをたとえていう。

実は、この語の典拠はとくにあるわけではなく、おそらく、すでに存在していた類義の「**矯枉**《きょうおう》**過直**《かちょく》」という熟語に、東晋の郭璞《かくはく》の撰した『玄中記』のなかのウシにまつわる民間伝説が加わって、「矯角殺牛」という熟語になったものと思われる。

「矯枉過直」（枉《まが》れるを矯《た》めて、直《なお》きに過ぐ）は、春秋時代の越国の歴史を述べた『越絶書《えつぜつしょ》』から出た語で、「矯枉」は、曲がっているものをまっすぐにすること、「過直」は、まっすぐになりすぎることをいう。すなわち、曲がっているものを直そうとして、かえってまっすぐになりすぎて、元も子もなくなることをいう。

また、『玄中記』に見える民話は、次のような内容である。

樹齢何万年にもなる木の精は、青いウシに化身するという。後漢の桓帝が出遊していたとき、黄河の中から突然青いウシが出てきて、河のほとりに立った。帝に随行していた人々は、それを見て驚き、われ先に逃げて行った。

そのとき、勇力で名を馳せていた中尉の何公《かこう》がちょうど居合わせ、ウシめがけて突進していった。ウシは何公の姿を認めると、河の中に帰って行こうとしたが、時すでに遅し。何公は左手でウシの足を引っつかむと、右手に持った斧《おの》でウシの頭を斬り、そのウシを殺してしまった。その青いウシは、何万年も生きのびてきた木の精だったのである。

この民話で、力持ちの何公は、ウシの頭部を斧で斬ってウシを殺したのであって、角を矯めて殺したわけではない。しかし、角の生えている頭部を斬ったことが、いつのまにか、「矯枉過直」と融合して、「矯角殺牛」になったのではないかと推測される。

そう言えば、老子が俗世を避けて山に隠棲するとき乗って出たウシも、青いウシだったといわれている。およそ中国古典では、精霊を宿したものは青色を帯びて登場する。澄みきったもの、純粋なものが「青」に通じるからだろうか。

ウシの条件反射

ロシアの生理学者パブロフが行った有名な実験がある。犬にエサを与えるたびにベルの音を聞かせておくと、そのうち、ベルの音を聞いただけで、犬は唾液を出すようになったというものである。

この実験によって、動物には、本能的な無条件反射（たとえば、ボールが顔面に飛んできたら、無意識にまぶたを閉じる）以外に、経験によって獲得する条件反射の心理的メカニズムが存在することが実証された。人間には、これよりもっと高次の言語的条件反射の作用もあり、「梅干し」という言葉を聞いただけで、唾液が出てきたりする。

さて、次に取り上げる「**呉牛**《ごぎゅう》**喘月**《ぜんげつ》」（呉牛、月に喘《あえ》ぐ）は、その条件反射を髣髴《ほうふつ》とさせる熟語である。

南北朝時代の宋の劉義慶《りゅうぎけい》の撰した『世説新語』言語篇に、次のような話が見える。

晋の満奮《まんふん》が、初代皇帝の武帝の側に控えていると、北側の窓にはめられた瑠璃《るり》（ガラス）の扉が、実際はぴったり窓枠にはまっているのに、吹き通しのように見えた。風が苦手な満奮が困った顔つきをしていると、武帝がニヤニヤしながら、どうしたのかと尋ねた。そこで、満奮は答えて言った。

「臣は、猶《な》お、呉牛の月を見て喘ぐがごとし」

（呉のウシは、月を見てもハアハア喘ぎだすと申しますが、私もまさにそれとおなじです）

つまり、透明なガラス窓が吹き通しのように思えて、風が入って来はしないかと心配だ、というのである。外の明るい景色を見て、条件反射的に嫌いな風を連想したという次第である。

この故事から「呉牛喘月」という熟語ができた。「呉」は、中国南方の江南一帯の地をいい、そのスイギュウは、日中、太陽に照らされて暑い思いをしているので、夜の月を見ても、太陽かと思ってハアハア喘ぎだすという。空から降り注ぐ光を見ると、条件反射的に息が荒くなるというのである。

そこから、前の経験に懲りて、過度に怯《おび》え恐れたり、取り越し苦労をしたりすることをたとえていう。戦国時代の楚《そ》の屈原《くつげん》の作になる『楚辞《そじ》』九章から出た「懲羹吹膾《ちょうこうすいかい》」（羹《あつもの》に懲りて膾《なます》を吹く）

と同義である。

なお、晋の武帝は三世紀頃の人で、その当時のガラスはたいへん貴重な品である。その珍品を窓にはめてわざと満奮を困らせようとしている武帝と、その窓から入り込む冷気に神経質になっている近臣とのコントラストが、何ともユーモラスで、一コマ漫画を見ているような笑いを誘う。

ウシにベートーベンを聞かせてみたら

動物が音楽を理解するかどうかわからないが、「対牛弾琴《たいぎゅうだんきん》」（牛に対して琴《こと》を弾《だん》ず）という、ちょっと趣向の変わった、おもしろい熟語がある。

これは、ウシに対して琴を弾いて聞かせるという意で、何の効果もなく無駄なことをいう。また、高尚なことを言っても、志の低い者には理解されないことをたとえていう。出典は宋の釈善卿《せきぜんけい》の撰した『祖庭事苑《そていじえん》』で、次のような記事が見える。

春秋時代、魯《ろ》の公明儀《こうめいぎ》が、ウシに琴を弾いて聞かせようと、まず、「静角《せいかく》」という題名の高尚な音曲を弾いてやった。ところが、ウシは素知らぬ顔で、それまで通り、草を食べ続けていた。

そこで今度は、カやアブのブンブン飛びまわる音とか、子ウシが乳をねだるときの鳴き声とかをまねて弾いてみると、ウシは尻尾をふり、蹄《ひづめ》を動かし、耳をふり動かしながら聴き入ったという。

この前段の話から、理解されない者に無駄骨を折る意の「対牛弾琴」なる語が生まれた。しかしながら、後段ではウシがちゃんと音曲を理解しているわけで、前後の脈絡から言えば、この話は、自分にとってつまらない音曲と、面白い音曲とをウシが聞き分けたということになる。その場合、「対牛弾琴」の意味する内容は、従来の意味とはまったく逆の、「相手の気持ちに合わせるように努めたら、どんな相手でも理解してくれる」とでもなろうか。

しかし、熟語や成句の意味は、慣用句としてすでに決まっているわけで、いまここで私が勝手に別な意味を付け加えたり、解釈しなおしたりすることは、許されることでないのは言うまでもない。

ただ、いま私があえて試みたように、熟語や成句などの慣用句が、その基になる故事から成立してくる過程は、必ずしも筋道立った理路整然としたものではないということぐらいは、知っていてもいいように思う。

なお、この「対牛弾琴」と同義のことわざには、「馬の耳に念仏」「牛に経文《きょうもん》」「犬に論語」「猫に小判」「豚に真珠」などたくさんある。

ウシは平和のシンボル

トラクターなどの農業機械の無かった昔は、人間の何倍もの力を出すウシは、農家にとってたいへん貴重な労働力だった。労力の軽減と生産力アップのために、非常に重宝な存在だったのである。

また、国家的な視点から言えば、ウシの頭数が増えることが、農業の発展を促し、ひいては国力の増強・充実につながっていった。そのような、ウシと農業との深いつながりをうかがわせる、**「売剣買牛《ばいけんばいぎゅう》」**（剣を売り、牛を買う）、もしくは**「売刀買犢《ばいとうばいとく》」**（刀を売り、犢《こうし》を買う）という熟語がある。

これらは同じ話から出た同趣旨の語で、戦争で使う刀剣を売り払って、農耕のためのウシを購入することをいい、戦争をやめ、農業に力を注ぐことをたとえていう。

出典は『漢書』循吏伝《じゅんりでん》で、次のような話が見える。

前漢の龔遂《きょうすい》が、宣帝から渤海《ぼっかい》郡の太守に任ぜられた。赴任してみると、人々の風俗が派手で、商売を好み、農業をいやしむ傾向があった。そこで、みずから率先して倹約し、当地の人々に農業と養蚕を奨励した。また、刀剣を佩帯《はいたい》している者がいると、剣を売ってウシを買わせ（売剣買牛）、刀を売って子ウシを買わせた（売刀買犢）という。

寺山修二の「書を捨てよ、街に出よう」のもじりで言えば、龔遂は、「剣を捨てよ、畑に出よう」という重農主義政策を励行したのである。それはとりもなおさず、「剣」に象徴される戦争や暴力の放棄であり、「ウシ」に象徴される平和への希求でもあった。

ウシに関連するもので、反戦平和のメッセージが込められた熟語には、ほかに、「**帰《き》馬《ば》放《ほう》牛《ぎゅう》**」（馬を帰し、牛を放つ）というのがある。

戦争で使ったウマやウシを野に帰し、放つ意から、戦争が終わって平和になるたとえ。また、二度と戦争をしない決意を世に示すことをいう。

出典は、『書経』武成編で、周の武王は、殷《いん》の紂《ちゅう》王を討った後、武器の使用をやめ（偃《えん》武《ぶ》）、学問を修め（修学）、ウマを華山《かざん》の南に帰し（帰馬）、ウシを桃林《とうりん》の野に放って（放牛）、二度と牛馬を戦争に用いないことを天下に示したという。

この故事からは、剣をペンに持ちかえる「**偃《えん》武《ぶ》修《しゅう》学《がく》**」（武を偃《ふ》せ、学を修む）という語もできたが、これもまた、戦争をやめて平和を取り戻す意を含んでいる。

もう一つ、平和な農村風景をたとえた語に、唐の王維の詩句から出た「**一《いち》牛《ぎゅう》鳴《めい》地《ち》**」がある。一頭のウシが鳴いているという意の「一牛鳴」に、「地」がついたもので、ウシののんびりした鳴き声が、どこからともなく聞こえてくる土地柄を意味する。「**鶏犬相聞**《けいけんそうぶん》」（二一二ページ参照）と同様に、いかにも平和でのどかな農村の暮らしを思わせる語で、心が癒される。こういう語からは、人の世の醜い争いなど、想像だにすることができない。

子ウシにまつわる熟語

どんな動物でも、子供というものは活発で、元気に満ち溢れているものだ。鈍くてのろいウシも、子ウシとなると話は別で、その動きは俊敏で活発である。

そのようなエネルギッシュな子ウシのさまを表現したものに、『晋書』石季竜載記《せききりゅうたいき》から出た「**快**《かい》**犢破車**《とくはしゃ》」（快犢、車を破る）という語がある。「快犢」は、元気のよい子ウシのこと。元気な子ウシは、車を壊すほどの勢いがあるという意で、そこから、大物になる素質のある子は、しばしば無茶をするものだということをたとえていう。

この語には、少々やんちゃでも、その勢いを殺さずに温かく見守ってやろうといった、幼いものへの愛情が感じられるが、これが『易経』大畜卦《だいちくか》から出た「**童牛之牿**《どうぎゅうのこく》」という語になると、もっぱら子ウシのバイタリティーを押さえつけようとする、抑圧的な意図が感じられる。

「童牛」は子ウシのこと。「牿」はウシの角の両先端に結び付けて、人を突かないようにする横木、すなわち角木《つのぎ》のこと。元気のよい子ウシの角に、横木をかけることから、血気盛んな弱輩者の気を削ぎ、おとなしくさせること。また、自由を奪うことをたとえていう。

ところで、子供に対する親の愛情というものは、どんな動物にも普遍的に存在するもののようで、とりわけ哺乳類で、一度の出産数が少数の動物になると、種の保存の本能が働くせいか、子に対する愛情がことのほか深いようだ。

ウシもご多分にもれず愛情深い動物で、『後漢書』楊彪《ようひょう》伝から出た「**舐犢之愛**《しとくのあい》」という言葉もあるほどである。「舐」は、なめること。親ウシが子ウシを舐《な》めてかわいがる意から、親が子を溺愛することをたとえていう。

人間なら子供の頭を手でなでるところを、ウシは手足がかなわないので、自由に動かせる舌で愛情表現をするのだろう。わが国でいう「猫かわいがり」に近い。この語はまた、「**老牛舐犢**《ろうぎゅうしとく》」（老牛、犢を舐《ねぶ》る）ともいう。

子ウシにまつわる熟語にもう一つ、『論語』雍也《ようや》篇から出た「**犂牛之子**《りぎゅうのこ》」というのがある。「犂牛」は、毛の色がまだらなウシのことで、血統の良くない雑種のウシをいう。そういう下等なウシから生まれた子ウシであっても、毛が赤く、よい角があれば、祭祀の供え物として山川の神々が放っておかない、という意で、そこから、身分や地位が低くても、才能さえあれば認められることをたとえていう。

孔子の門人の仲弓《ちゅうきゅう》は、賢明ではあったが卑しい身分の出で、しかも悪人を父に持っていた。そこで、孔子はこう言って仲弓を励ましたという。

巧みな尋問

ウシとウマは体の大きさが同じくらい大きく、また、農耕や輸送・運搬等においても似たような役割を担っていることから、両者を四字熟語に配したものがかなりある。その主なものをこれから取り上げていくことにする。

まず、「**問牛知馬**《もんぎゅうちば》」（牛を問うて、馬を知る）というのがある。これは、相手の隠していることを巧みに聞き出すことといい、今で言えば、刑事が巧妙な話術で黙秘している犯人の口を割らせるようなことをたとえていう。

『漢書』趙広漢《ちょうこうかん》伝に、次のような話が見える。

前漢のとき、都の長官をしていた趙広漢は、罪人などを自白に導くのが巧みだった。たとえば、ウマの値段を知りたいときは、まずイヌの値段を問い、続いて、ヒツジ、ウシと尋ねていって、最終的にウマの本当の値段を聞き出してしまう、といった具合であったという。

刑事の取調べを受けたことがないのでわからないが、テレビの刑事物などを見ていると、容疑者の口を割らせるのにもいろんな攻め方があるようで、「問牛知馬」型の「泣かせの××刑事《でか》」とか、「落としの××さん」といった、誘導尋問に長けた刑事がいるかと思うと、真っ向から強引に攻めて自白させようとする暴言脅迫型の刑事もいるようだ。

後者のような手荒い刑事の長い取り調べに疲れ果て、もうどうでもいいやと自暴自棄になり、無実の罪をつい認めてしまう、そんな容疑者の心理に一脈通じる「**呼牛呼馬**《こぎゅうこば》」（牛と呼び、馬と呼ぶ）という熟語もある。これは『荘子』天道篇に見える老子の逸話から出た語で、相手からウシと呼ばれたら自分でもウシだと思い、ウマと呼ばれたら自分でもウマだと思ってしまうことで、もともと老子のたどり着いた、自己を滅却した無我の境地をいうのであるが、転じて、相手の言うのにまかせて、逆らわない態度をたとえていうようになった。

大飯喰《おおめしぐ》らいのウシとウマ

家畜の中でも体の大きいウシとウマは、飲み食いする量も半端じゃない。私が生まれ育った農村では、昔はたいていの家でウシを飼っていて、その餌になる草の確保には子供たちまで動員された。早朝もしくは学校から帰ってきたあと、ウシの餌になる草を野山に刈りに行くのである。つまり、ウシの食欲は、子供の手も借りないと草が間に合わないくらい旺盛なのだ。

事はウマも同じで、そこから、食欲旺盛な牛馬のように、大いに飲んだり食ったりすることを

「牛飲馬食」というようになった。また、人並み以上に飲み食いする大食漢を指していう場合もある。ウシを鯨《くじら》に代えた「鯨飲馬食《げいいんばしょく》」も同じ意味である。なお、似た語に「暴飲暴食《ぼういんぼうしょく》」があるが、こちらは普段の量と比較して度を越して飲み食いすることで、意味合いが多少異なる。

たくさん飲み食いすると、出る量もそれだけ多くなる。わが国に「牛の小便十八町」（十八町は約二キロメートル）ということわざがある。ウシが排尿を始めてから終えるまでの間に、二キロも進んでしまうというのだが、そのように誇張したくなるほどウシの尿の排出量はすごい。

しかし、多量に排出される尿も何かの役に立つわけでなし、垂れ流すしかない。ウマの糞とて事情は同じ。そんな熟語に「牛溲馬勃《ぎゅうしゅうばぼつ》」がある。「牛溲」は、ウシの小便。「馬勃」は、馬糞のこと。ウシの小便や馬糞のように、何の役にも立たない、ごくつまらないものをたとえていう。出典は、唐の韓愈《かんゆ》の「進学解」と題する文章である。

ただ、地球は広い。「牛溲馬勃」をのっけから役立たずと決めつけてはいけない。ウシの牧畜が盛んな東アフリカあたりでは、乾期の水不足を補うために、ウシの尿を洗顔や手洗いに利用しているし、糞も、家の壁や床の材料、および燃料に利用している。

なにもアフリカの例を持ち出すまでもなく、化学肥料が登場するまでのわが国の農業では、ウシやウマの糞は肥料として大いに利用された。糞が役に立たないなどというのは、土に汗することのなかった特権階級の発想でしかないのである。

なお、「牛糞馬涎《ぎゅうふんばえん》」（「涎」は、よだれ）も同義である。

牛肉は馬肉に勝る

大飯喰らいのウシとウマも、人間にかかっては、一転、自分が食べられてしまうことになる。では、牛肉と馬肉ではどちらが高級な肉と思われていたのかというと、どうも軍配はウシのほうに上がるようで、その証拠に「牛首馬肉《ぎゅうしゅばにく》」（牛首を懸《か》けて、馬肉を売る、の略）という語がある。

これは、牛の首を店頭に懸けて、さも高級な牛肉を販売していると見せかけて、実は馬肉を売ることで、見かけは立派だが、内容が伴わないことをたとえていう。また、言うことと実際の行いとが、食い違っていることをいう。いわゆる、看板に偽りありということ。

どうして馬肉より牛肉の方が高級なのか、確かなことはわからないが、おそらく牛肉が祭祀用の犠牲として神前に供えられたからではないだろうか。

同様の趣旨の熟語では、わが国では「羊頭狗肉《ようとうくにく》」（一六六ページ参照）のほうがよく知られているが、これは、南宋の僧無門《むもん》の著『無門関』に見える語で、春秋時代の斉の晏嬰《あんえい》の言行録『晏子春秋』を典拠とする「牛首馬肉」のほうがずっと古い。今では牛海綿状脳症（ＢＳＥ）の発生で、やや人気にかげりのある牛肉ではあるが、昔から牛肉は人間の高い支持を得ていたのである。

ところで、牛肉を店頭に並べる前にウシを解体しなければならないが、昔、その庖丁《ほうちょう》さばきが抜群にうまい人がいた。その名も「庖丁《ほうてい》」（「庖」は料理人の意。「丁」は名前。つまり、「料理人の丁」という意味）という人で、骨と肉を切り分ける技に巧みであったという話が、『荘子』養生主《ようじょうしゅ》篇に見える。

そこから、熟練者の神業的な仕事ぶりをたとえて、「**庖丁解牛**《ほうていかいぎゅう》」（庖丁、牛を解く）というようになった。なお、料理用の庖丁は、この「庖丁」という人物が語源であることはいうまでもない。

ウシの肉が好物なのは、何も人間だけとは限らない。トラやライオンをはじめとする肉食獣はみなウシの肉が好きだ。春秋時代の楚の尸佼《しこう》が著した『尸子《しし》』に、

> トラやヒョウの子は、まだ毛皮の文様も出来ないうちから、早くも大きなウシをも食べてしまおうという気性と意気込みがある。

とある。

ここから、「**食牛之気**《しょくぎゅうのき》」（牛を食《く》らうの気）という語ができた。これは、幼くても、非凡な気性のあることをいう。杜甫の詩「徐卿《じょけい》二子歌」に見える「**呑牛之気**《どんぎゅうのき》」（「呑」は、呑《の》み込むこと）も同義である。成句では「栴檀《せんだん》は双葉《ふたば》より香《かんば》し」（『観仏三昧海経《かんぶつざんまいかいきょう》』）がこれに近い。

ウシとウマとではどっちがえらい?

牛馬は、ともに動力を提供する家畜として、人間の生活に役立ってきたが、農業に携わっていない支配者階級の側には、ウシはウマより一等低いものという考えがあったようで、そういう考えをベースにして出来た熟語に、「**牛驥同皁**《ぎゅうきどうそう》」(牛驥、皁《そう》を同じくす)というのがある。

「驥」は、一日に千里を走る駿馬《しゅんめ》、いわゆる千里馬のことで、「皁」は、かいば桶のこと。足ののろいウシと、千里馬とが、同じかいば桶のエサを食べて養われているという意味で、そこから、賢者が凡人と同じ待遇を受け、粗末に扱われることをたとえていう。また、賢者と凡人が混在している、いわゆる「**玉石混交**《ぎょくせきこんこう》」と同趣旨の語でもある。

出典は、前漢の鄒陽《すうよう》が獄中から帝に奉った上奏文の、次のような一節である。

いま、人主は、こびへつらう人の言に惑わされ、左右の臣や愛妾《あいしょう》の言うがままで、まるで驥をウシと同じかいば桶で飼うように、学識や才能のある剛毅《ごうき》の士を粗末に扱っています。

このように述べて、自分をはじめとする才能ある人士が凡庸な人物と同列視され、不当な扱いを受けていると訴え、善処を求めたのである。

なるほどウシは、「牛歩」という言葉もあるように、ウマに比べて確かに足がのろい。物資の輸送や戦場ではスピードがものを言うから、為政者の側から見たら、ウマのほうがずっと利用価値がある。

しかし、ウシは粗食に耐え、あまり人間の世話を必要としない。そういう点では、農民にとってウマよりもずっと飼いやすい家畜なのである。

つまり、「牛驥同皁」という語は、農業に従事しない者の発想から出てきた語であり、言葉が支配者階級の意識を反映するものであるということの、一つの例証といえよう。

ウシにまつわる四字熟語はかなり豊富で、しかもバラエティーに富んでいるが、ただ一つ、現代人と最も関わりの深い「乳」に関するものがない。このことは、ウシがもともと、その乳を利用する家畜でなかったことを暗示しているように思う。

このように、四字熟語は、ときとして家畜と人間との関わりの歴史を垣間見せてくれることもあるのである。

寅・トラ・虎

トラは、ヒョウ、ジャガー、ライオンなどと同じくネコ科の動物で、姿形や骨格にいたるまでよく似ているが、トラを他のネコ科の獣と分かつ最大の特徴は、黄褐色の地に、黒の横縞《よこじま》文様の入った美しい毛皮にある。「虎は死して皮を留め、人は死して名を留む」（鎌倉時代の説話集『十訓《じっきん》抄《しょう》』）という言葉もあるように、トラにとってその美しい毛皮は、自己の存在証明そのものなのである。

しかし皮肉なことに、その美しさがアダとなって、この二、三世紀の間に、高価な毛皮を狙った乱獲を招き、今では絶滅の危機に瀕している。

トラの生息地は、中国東北部から東南アジア、さらに西アジアにかけてのユーラシア大陸であるが、大陸と海を隔てたわが国には、もともと野生のトラはいない。しかし、不思議なことに、昔からトラという獣の存在は知られていた。

これは、わが国が中国の文化圏にあったという事情が大いに関係している。つまり、トラに関する中国の文献や絵などがわが国に伝えられ、居ながらにして遠い異国の猛獣を知ることができたのである。

百獣の王

トラはその鋭い爪と牙で獲物を捕まえて食べてしまうことから、獣のなかの獣、すなわち百獣の王として他の動物たちから恐れられてきた。ふつう百獣の王と言えばライオンを指すが、ライオンのいない中国では、トラが獣たちの上に君臨していたのである。

ところが、われこそは百獣の王であるとトラをだまして、まんまと虎口を脱した獣がいた。ずるがしこいキツネである。まずは、その狡猾なキツネと、とんまなトラの織り成す寓話からはじめることにしよう。前漢の劉向の撰した『戦国策』に、次のような話が見える。

あるとき、トラがキツネを捕まえた。キツネは食べられまいとして、トラにこう言った。

「私を食べてはなりませんよ。なぜなら、天帝が私を百獣の王に任命しているのですからね。もし私を食べてしまえば、天帝のご意志に背くことになります。うそだと思うなら、これから獣たちのところへ一緒に行ってみましょう。私が先導しますから、あなたは私の後からついてきて、獣たちの様子をよく見ていてください。私の姿を見て逃げ出さない獣はきっといないはずですよ」

トラは半信半疑であったが、とにかくキツネの後からついて行くことにした。キツネとトラがやって来るのを見た獣たちは、キツネが言ったとおり皆逃げ出した。それを見たトラは、獣たちが自分の姿を見て逃げ出したことに気づかず、自分の前を行くキツネの姿を見て逃げ出したのだと勘違いしてしまった。

キツネはとっさの機転を利かして、トラから食われる危機を免れたばかりか、トラをもしのぐ百獣の王の位にまんまと就いてしまったというお話である。

ここから、他人の威光を笠に着て、我がもの顔に振舞うことを、「**狐仮虎威**《こかこい》」（狐《きつね》、虎の威を仮《か》る）という。わが国では「狐」の部分を取っ払って、単に「虎の威を借る」という。あるいは、「狐」を後にもってきて、「虎の威を借る狐」という名詞句にして、有力者の権勢をバックにして威張る小人物のたとえとして用いている。なお、「仮」と「借」は同義で、どちらを使ってもよい。

獰猛《どうもう》さが売り

トラの武器は、言うまでもなく鋭い爪と牙だが、その獰猛さがいちばんよく表れているのは、ギラギラと輝いている目である。『易経《えききょう》』頤《い》から出た「**虎視眈眈**《こしたんたん》」は、そういうトラの獰猛な目つきを形容した語で、トラが獲物を狙って、じっとにらんでいるさまをいう。そこから、強い者が相手を打ち倒す機会をねらって、じっと形勢をうかがっているさまをたとえていう。「眈眈」には、ねらうとか、じっと見つめるといった意味がある。

トラの鋭い目つきに関係する語では、ほかに、清の洪昇《こうしょう》の戯曲『長生殿《ちょうせいでん》』から出た「**狼貪虎視**《ろうどんこし》」というのがある。オオカミのように貪欲で、トラのように鋭くにらむという意から、野心が旺盛で、貪欲無道なことをたとえていう。

トラとオオカミは、いまの熟語のように、獰猛な動物の代表としてよく一緒に熟語を形成し、たとえば「虎狼《ころう》之心《のこころ》」といえば、残忍で貪欲な心をいう。『史記』秦始皇本紀に、策士の尉繚《うつりょう》が秦王（後の始皇帝）の性格を評して、

秦王は、ハチのように顔の中央部が盛り上がって鼻すじが高く、切れ長の目をしていて（「蜂準《ほうじゅん》長目《ちょうもく》」）、いかにも英敏で抜け目のない人相をしているが、タカやハヤブサのように胸が出っ張り、声はヤマイヌのようで、

恩少なくして、虎狼の心あり。

（恩愛薄く、虎狼のような残忍な心を持っていらっしゃる）

と、さんざんにこきおろしている。

秦王は、その後、他国を次々に侵略併呑《へいどん》していき、結局、戦国時代に終止符を打つ大帝国を打ち立てるのであるが、よその国からは、「虎狼之国《ころうのくに》」として恐れられていたのである。

ところで、トラとオオカミの出てくる成句に、「前門の虎、後門の狼」というのがあるが、これは四字熟語では「前虎《ぜんこ》後狼《こうろう》」という。前のトラを防いだと思ったら、もう後にオオカミが来ている

という意で、次々に災難に出くわすことをたとえていう。俗に言う「一難去って、また一難」と同じ意味である。

明の趙弼《ちょうひつ》著『評史』に次のように見える。

後漢の和帝のとき、大将軍竇憲《とうけん》の勢力が強くなったので、帝は宦官《かんがん》の鄭衆《ていしゅう》らと謀って、竇憲を自殺に追い込んだ。ところが、今度は宦官が宮廷で勢威を振るうようになってしまった。これは、諺に言う

「前門に虎を拒《ふせ》ぎ、後門に狼を進む」

（表門でトラを防いでいると、裏門からオオカミが進入してくる）

と同じである。

なお、わが国では、「虎」と「狼」の位置を逆にした、「**前狼後虎**《ぜんろうこうこ》」という言い方も見受けられるようだ。

このように、トラはオオカミとともに獰猛な獣として恐れられているが、では、どちらがこわいかといえば、やはり体の大きさからしてもトラのほうがずっとこわい。だから、成句や熟語でも、

こわいもののたとえとしては、トラのほうがよく使われているようだ。

たとえば、『漢書』王莽《おうもう》伝から出た「鴟目虎吻《しもくこふん》」は、ふくろうの目つき（鴟目）をし、虎の口つき（虎吻）をした、悪賢く残忍な人相をいう。

また、『韓非子』から出た「為虎傅翼《いこふよく》」（虎の為《ため》に翼を傅《つ》く）は、鋭い爪と牙を持つトラに、さらに空を飛べる翼をつける意から、凶暴なものに、さらに権勢を付与することをたとえていう。わが国でいう「鬼に金棒」に近い。

トラの子

トラが百獣の王だとすると、トラの子も当然ただものではない。トラは生まれたときから立派な文様を持っている（「虎生文炳《こせいぶんけい》」、『蜀志』秦宓《しんぷく》伝）とか、トラの子は、まだ毛の文様も生えそろわないうちから、牛をも食らおうという気構えがある（「食牛之気」、四〇ページ参照）とか言って、われわれは他の獣とは違った非凡さをトラの子に認め、幼少の頃から他に抜きん出ている英才のたとえにしている。

したがって、「トラの子」といえば、何か将来的な可能性に満ちた宝物といった意味合いが感じられる。そういうニュアンスで「トラの子」をたとえに用いた言葉に、有名な「虎穴《こけつ》に入らずんば、虎子《こし》を得ず」（虎穴虎子《こけつこし》）がある。

これは、トラの穴に入らなければ、トラの子を捕らえることはできないということで、危険を冒さなければ、大きな利益や功名《こうみょう》は得られないことをたとえていう。『後漢書』班超《はんちょう》伝に、次のような故事が見える。

後漢の和帝のとき、班超は命を受けて西域の鄯善国《ぜんぜんこく》（楼蘭《ろうらん》）に使いした。はじめは手厚くもてなされたが、匈奴《きょうど》の使節が訪れて以降、目立って待遇が悪くなった。これは背後で匈奴が策動しているに違いないとにらんだ班超は、ぐずぐずしていると命が危ないと思って、少ない部下とともに匈奴勢に夜襲をかけ、数倍の敵を倒したという。

その襲撃の際、部下の奮起を促して飛ばした檄《げき》が、この文句なのである。

この事件以降、鄯善国から匈奴の影響力が一掃され、代わりに漢が進出して、西域への勢力拡大の足がかりを得ることになった。

実は、班超が異国でこのような手柄を立てることは、彼の若い頃すでに人相見から予言されていたことであった。

同じ班超伝に、次のような話が見える。

班超は、若い頃貧乏で、役所に雇われて筆書の仕事をしていたが、あるとき、男子たるもの、書記などやめて武で身を立てようと思い立ち、人相見に相を見てもらったところ、「**燕頷**《えんがん》**虎頸**《こけい》」の相であるといわれたという。

「燕頷」は、燕《つばめ》のような頷《あご》のことで、武勇に優れた人の骨相をいう。具体的には、どういう頷をいうのかよくわからないが、たぶんエラの張った肉付きのよい頷をいうのかもしれない。「虎頸」は、トラのように太く、いかつい頸《くび》をいい、この二つの相から、「燕頷虎頸」は、勇猛な武者の容貌をたとえていう。また、班超の故事から、遠方の異域で手柄を立てる貴人の相をいう。

なお、班超は、『漢書』の編者として有名な班固《はんこ》の弟である。

トラに襲われてトラウマになる

トラは恐ろしいものと聞いてはいても、やはり実際に体験しないことには、その恐ろしさはわからない。そんな体験はしたくもないが、一度トラの恐怖を味わった人が、いつまでもそのショックを引きずることを、「**談虎色変**《だんこしきへん》」（虎を談じて色《いろ》変《へん》ず）という。

これは宋の朱熹《しゅき》の編した『程氏遺書』に出てくる語で、トラに襲われたことのある人が、トラの話題が出ただけで、恐ろしさに顔色を変えることをいい、そこから、実際に体験したことのある者だけが、真実を知っていることをたとえていう。実体験の重視という点では、「百聞は一見に如《し》かず」（**百聞一見**《ひゃくぶんいっけん》）に通じるところがある。

ところで、「トラウマ」という心理学用語はここから出てきた、……というのはもちろん冗談で、トラウマは、れっきとしたドイツ語である。しかし、心の傷となって後々まで残るような衝撃や体験、すなわち「心的外傷」を意味するという点では、この「談虎色変」と符牒《ふちょう》が合い、偶然の一致としてはおもしろい。

最近、日常生活の中に多くの外来語が進入してきて、どういう意味なのかわからないことが多い。なかには日本語の語呂に通じるものがあり、私はデジタル時計が出回り始めた頃、文字が出てきて時刻を知らせるので、「出字《でじ》タル」時計っていうのだろうと思っていた。「タル」は、形容詞化するはたらきの「tal」がくっついたものだと……。

また、アメダス（地域気象観測システム）のことを、天気予報で雨マークを出して雨天を表示するので、「雨出《あめだ》す」というのだろう、気象庁もなかなか味なネーミングをするわい、などと思っていた。

「トラウマ」という心理学用語が巷間で言われだしたときも、ウマとシカを見まがうことを「馬鹿」と言うから、トラとウマを見まがうほどの精神的ストレスを言うのだろう、などと、勝手なこじつけをしていた。いやはや、お恥ずかしい次第である。

ところで、恐ろしいトラなどには出くわさないに越したことはないが、自分のふとした不注意で、会いたくもないトラをわざわざおびき寄せてしまうことがある。そんなうっかりミスを、「**委《い》肉虎蹊《にくこけい》**」（肉を虎蹊に委《す》つ）という。「委」は、捨て置く意で、「虎蹊」は、トラの出没する小路のこと。トラの通る小路に肉を落とす意から、みすみす危険や災難を招くことをたとえていう。出典は『戦国策』燕《えん》策である。

また、『書経』君牙《くんが》篇から出た「**虎尾春氷《こびしゅんぴょう》**」という語も、やはり自分の不注意から憂慮すべき事態を招いてしまうことを意味する語で、トラの尾や春の薄氷をうっかり踏んで、トラを怒らせたり、池や川に落っこちたりするような危険を冒すことをたとえていう。

素手でトラ退治

トラは人を食う獰猛な獣であるから、私などは、トラと目が合っただけで足がすくんでしまいそうだが、わが国の安土桃山時代の武将加藤清正は、そのトラを槍一本で仕留めたという。

いや、槍ではなく、鉄砲で仕留めたのだとか、そもそも初めからそういう話はなく、後世の作り話だとか、諸説紛々しているが、とにかく、その清正公でさえ、素手でトラと闘うようなことはしなかった。そのような無茶な行為は「**暴虎馮河《ぼうこひょうが》**」といって、到底賢明な人のすることではない、あきれるばかりの行為である。

「暴」は、手で打つこと、「馮」は、徒歩で川を渡ることで、素手でトラに立ち向かったり、歩いて黄河を渡ったりするような、無謀な行為をたとえていう。

『論語』述而《じゅつじ》篇に、次のような話が見える。

弟子の子路《しろ》が孔子に、国軍を率いるとしたら誰と行動をともにするか尋ねた。勇敢な自分の名が、師の口から出てくるのを期待してのことである。すると孔子は、

「暴虎馮河して、死して悔いなき者は、吾れ与《とも》にせざるなり」

(無謀なことをして、死んでも悔いないような者とは、一緒に行動しないよ)

と答えた。

これは暗に、血気にはやりがちの子路をたしなめたのである。そして、こう続けた。

「何か、事を始めようとするときは慎重を期し、いったん始めたからには最善の方法をとり、最後までやり遂げて事を成就させる、そんな者となら、一緒にやってみたいね」

つまり、孔子の理想とするパートナーは、状況判断が的確で、行動に計画性があり、忍耐力に優れた人物ということになる。冒険主義的で直情径行《ちょくじょうけいこう》の子路には、ずいぶん耳の痛い言葉だったと

言わなければならない。

ただ、孔子は、子路の勇猛果敢な性分を、時に愛したようで、

「道が行われていない今の世の中を、いっそのこと見限って、いかだに乗ってどこか遠くへ行ってしまおうか。そのときついてくるのは、まあ、由《ゆう》（子路）ぐらいのものかなあ」（『論語』公冶長《こうやちょう》篇）

と冗談めかして言ったことがあった。

弟子の中では決して出来のよいほうではなかったが、相手が師であろうとおかまいなしに、思ったことをずばり言う忌憚のない実直な人柄を、孔子もことのほか好ましく思っていたようである。

なお、この子路については、彼の生涯を感動的に描いた、中島敦の『弟子』という小説がある。

トラに情けをかける

凶暴なトラに温情をかけると、どうなるか。そういうかわった視点を持つ熟語に、「**養虎遺患**《ようこいかん》」（虎を養いて患《うれ》いを遺《のこ》す）というのがある。「養虎」は、退治すべきトラを養うこと。「遺患」は、心配事の種を後に残すこと。つまり、トラのような凶暴な敵を討たずに生かしておき、後日に不安

を残すことをたとえていう。

『史記』項羽《こうう》本紀に、次のような記述がある。


秦末、楚の項羽と漢の劉邦《りゅうほう》は、成皐《せいこう》での対峙の末、天下二分を約して和睦した。ところが、引き上げていく項羽を見て、漢の臣の張良《ちょうりょう》と陳平《ちんぺい》が、次のように劉邦に進言した。

「今、楚の軍は疲れ、食糧も尽きています。これは、天が楚を滅ぼそうとしているのです。この機会に、ぜひとも項羽を討ち取るべきです。今、項羽をこのまま捨て置いて撃たなければ、

此《こ》れ所謂《いわゆる》、虎を養いて自ら患いを遺すものなり」

（これはいわゆる、虎を養って自分でみすみす患いを遺すことになります）


そこで、劉邦は軍を取って返し、帰路に着いていた楚軍を追撃して大勝し、ここに天下の帰趨が決することになる。

この「養虎遺患」と同義の語に、『蜀志《しょくし》』劉巴《りゅうは》伝から出た「**放虎帰山**《ほうこきざん》」（虎を放ち、山に帰す）がある。これは文字通り、トラを解放して山に帰すことで、そこから、わが身を脅かす危険なものを

逃がして、将来に禍根を残すことをたとえていう。

ウソも三人つけばホントになる

トラの棲む場所は、人里遠く離れた森か草原と相場は決まっている。もしトラを今のビルディング街で見かけたら、サーカスの一座から逃げ出したか、ペットの飼い主がポイ捨てしたかのいずれかであろう。

ところが、トラが街にいるぞと、三人の者が口を揃えてうそをつけば、本当のように思えてくる。そのような、人の心のおぼつかなさをうまくついた熟語に、「**三人成虎**《さんにんせいこ》」（三人、虎を成す）というのがある。

『戦国策』魏策に、次のような話が見える。

魏の太子が趙に人質として行くことになり、臣下の龐葱《ほうそう》がお供することになった。龐葱は、留守中、誰かが自分のことを魏王に讒言《ざんげん》することを心配し、次のように言った。

「いま、ある人が、街にトラが出たと報告して来たら、王様はお信じになりますか」

王は、野生のトラが、のこのこ街に出てくるはずがないと思い、

「いや、そんなことは信じないよ」

と答えた。すると、また龐葱が尋ねた。

「では、もう一人、同じように報告してきたら、どうでしょうか」

「その時は、ひょっとしたら……、と思うだろうな」

「では、三人目が同じことを報告してきたら、どうなさいますか」

「それはもう、信じるだろう」

そこで、龐葱は、魏王にこう忠告した。

「そもそも、街にトラなど出没しないことは明らかです。ところが、三人が三人、同じことを言えば、街にいないトラでもいるようになるのです」

つまり、龐葱は、自分がこれから太子に同行して趙に行っている間に、自分を貶《おとし》めようと讒言する者がいても、そういう空言は信じないようにと、言い含めたのである。

王も、龐葱の後顧《こうこ》を憂える心情をおもんばかり、惑わされないように気をつけようと約束して、彼を趙へと送り出した。

それから間もなくして、案の定、龐葱のことを王に誣告《ぶこく》する者がいて、その言を王が信じてしまったために、太子の人質の期限が明けても、龐葱はひとり趙に取り残されたということである。

この故事から、有り得ないようなことでも、多くの人が口を揃えて言うと、事実だと信じられてしまうことを、「三人成虎」または、「市虎三伝《しこさんでん》」という。

この語は、ともすれば多数の意見に引きずられて、自分の考えを見失いがちなわれわれの心の弱さをうまくついている。他人の意見に耳を傾けることは決して悪いことではないが、それを全面的に信じる前に、やはり、自分で考えてみることが大事だと思う。

とりわけ、自衛隊の海外派遣や天皇制論議などと絡めた憲法「改正」問題が俎上に上っている昨今、大勢に流されることなく、平和と民主という現憲法の立脚点をしっかり見つめて、自分の頭で考えたいものだ。

「三人成虎」と同じ趣旨の語に、『新語』(前漢の陸賈《りくか》編)から出た「浮石沈木《ふせきちんぼく》」や、「三人成虎」と同じ『戦国策』秦策から出た「曾参殺人《そうしんさつじん》」などがある。

「浮石沈木」(石を浮かべ、木を沈む)は、沈むはずの重い石を浮かせ、浮くはずの軽い木を沈めるという意で、多くの人が謗《そし》れば、正しいことも誤りとされ、誉《ほ》めれば、間違ったことでも正しいとされることをいう。わが国では、ふつう「石が流れて木の葉が沈む」という言い方で使われる。

もう一つの、「曾参殺人」(曾参、人を殺す)は、有徳の人である曾参が人を殺したという意で、あり得ないことでも、多くの人が同じことを言うと、本当だと思ってしまうことをいう。曾参は孔子晩年の弟子で、孝徳篤く、『孝経』の著者と目されている。そんな曾参が、人殺しをするはずはないのである。

トラよりもこわいものとは?

トラは人を襲うこともあったので、トラの巣窟《そうくつ》の近くにある村の人や、近くを通らなければならない旅人は、トラを何より恐れた。

しかし、そのトラよりもこわいものが、実は当の人間世界にあった、という「目からうろこ」的な発想の語に、「**苛政猛虎**《かせいもうこ》」（苛政は虎よりも猛《たけ》し）がある。

「苛政」は、重税を課し、兵役などを強いる苛酷な政治のこと。そのような政治は、人を食うトラよりも凶悪で恐ろしいことをいう。

五経の一つの『礼記《らいき》』に、次のような話が見える。

孔子が泰山《たいざん》（今の山東省）のふもとを通りかかると、婦人が道端で泣いていた。わけを尋ねると、舅《しゅうと》、夫に続いて、今また、わが子までもがトラに食い殺されたという。それなら、なぜここを去らないのかと尋ねると、婦人は、ここには苛酷な政治がないからだと答えた。

これを聞いた孔子が、弟子たちに言った。

「小子《しょうし》之《これ》を識《しる》せ。苛政は虎よりも猛し」

（お前たち、この婦人の話をよく憶えておきなさい。苛酷な政治は、人々にとって、トラの害よりも凶悪で恐ろしいのだ）

昔は、トラが人間を食い殺すことがよくあったようで、中国各地に、人食いトラの話が伝わっている。中島敦の『山月記』は、ある書生がトラに変身して人を襲う話で、やはり人食いトラの伝説をもとにした小説である。

なお、人食いトラは、トラのなかではむしろ落ちこぼれ組で、老齢や怪我がもとで獲物をとれなくなったものが、人を襲うといわれている。そういうダメトラに狙われるわれわれ人間は、よほどドジな生き物と言わなければならない。

ところで、苛酷な政治を代表するものは、厳しく税を取り立てる、いわゆる「**苛斂誅求**《かれんちゅうきゅう》」の役人である。なかんずく暴虐非道な酷吏を、「**虎冠之吏**《こかんのり》」（『後漢書』酷吏伝序）という。これは成句の「虎にして冠《かん》す」（『史記』斉悼恵王《せいとうけいおう》世家）と同じで、心がトラのように暴虐な者が、役人の衣冠を身につけているさまを皮肉った表現である。

トラ同士の闘い

獰猛なトラ同士が戦ったらどうなるか。その鋭い爪や牙で相手を傷つけ、場合によっては、どちらかが死に至るかもしれない。「**両虎相闘**《りょうこそうとう》」（両虎、相闘《あい》う）は、強いもの同士が闘うことをたとえていう語で、『史記』廉頗《れんぱ》・藺相如《りんしょうじょ》伝に、次のような話が見える。

戦国時代、趙の恵文王のもとには、大国の斉を撃破して名を天下に知らしめた廉頗将軍と、「和氏《かし》の璧《へき》」という名玉を秦王の手から取り返して、みごと趙に持ち帰った藺相如という二人の豪傑がいた。

「和氏の璧」をめぐる事件のあった翌年、秦王は趙王を澠池《べんち》（今の河南省）というところに呼び出し、会見の席で趙王を辱めようとした。ところが、趙王に随行していた相如が、またしても機転を利かして秦王のたくらみをくじき、趙王の名誉を守った。そのはたらきに感じた趙王は、会見から帰るとすぐに、相如を上卿《じょうけい》に任じた。

これは将軍職よりも地位が上だったので、廉頗将軍は怒り、あんな成り上がり者の下におれるか、こんど会ったら恥をかかせてやる、などと公言してはばからなかった。

それを耳にした相如は、できるだけ廉頗と顔を合わさないようにし、朝廷に参内するときも、廉頗が出席しそうな日は、病と称して欠席した。

あきれたのは相如の部下たちである。廉将軍を恐れて逃げ隠れしている主人にすっかり愛想を尽かし、次々に、お暇をいただきたいと申し出した。

そこで、相如は部下たちを集めて言った。

「あの強国の秦が、わが国に攻めてこないのはどうしてだと思う。廉将軍とこの私がいるためではないのかね。

今、両虎共に闘わば、其の勢い倶《とも》には生きざらん。

(もしいま、廉将軍と私の、二匹の虎が闘うことにでもなれば、どちらか一方は生き残れまい)

私が廉将軍と顔を合わせるのを避けているのは、私的な怨みごとは後回しにして、国の危急を優先しているからなのだ」

この話を伝え聞いた廉頗は、相如の国を思う気持ちに胸を打たれ、その地位をねたんだ自分の卑小さを恥じた。そこで、肌脱ぎになり、荊《いばら》のムチを背負って相如のもとを訪ね、謝罪した。これ以降、両者は、相手のためには死をもいとわない「**刎頸之交**《ふんけいのまじわり》」を結んだという。

あやうく両雄のどちらかが斃《たお》れるところを、相如の自制によって衝突を免れたばかりか、反対に、生死をともにするほどの親密な間柄になったのである。

トラの絵

私の生家には、昔、トラに竹を配した典型的な図柄の掛け軸が床の間に掛かっていた。たいへんリアルな絵で、六人兄弟の末っ子である私は、幼いときよく兄や姉から、夜になったらあのトラが出てくるんだぞ、などと脅されたものだった。

掛け軸はもともと中国から伝わってきたもので、トラは画題としてよく描かれたようだ。トラの絵にまつわる語に、『後漢書』馬援《ばえん》伝から出た「**画虎類狗**《がこるいく》」（虎を画《えが》いて、狗《いぬ》に類す）というのがある。立派なトラを画こうとして、つまらないイヌの絵になってしまうという意で、そこから、力量のない者が豪傑を気取って、かえって軽薄になることをたとえていう。また、才能のない者が優れた人のまねをして、かえって無能ぶりを露呈してしまうことのたとえでもある。

わが国では「狗」が「猫」にすりかわって、「虎を描いて猫に類す」と言う。
この「虎を描いて猫に類す」の場合は、トラを描こうとして、結果としてネコに似てしまうのであるが、これが、「照猫画虎《しょうびょうがこ》」（猫に照らして、虎を画く）となると、最初からネコという疑似物を参考にして、本物のトラを描こうとするもので、本末転倒もはなはだしい。つまり、ものごとの本質を理解せず、上っ面だけ模倣して、事を済まそうとする横着な態度をたとえていう語である。
画題という点では、「虎渓三笑《こけいさんしょう》」もよく水墨画などに描かれる。「虎渓」は、廬山《ろざん》（今の江西省）の東林寺の前にあった谷の名で、そこで三人の人物が笑ったので、「三笑」という。宋の陳舜兪《ちんしゅんゆ》撰『廬山《ろざん》記』に次のような話が見える。

東晋の高僧慧遠《えおん》は、廬山の東林寺にいて、来客を送るときは、寺の下の、トラの出没する虎渓と呼ばれる谷川の手前まで来て見送り、決して谷川を渡ることはなかったが、あるとき、来訪していた詩人の陶淵明《とうえんめい》、道士の陸修静《りくしゅうせい》を見送りに出て、話がはずみ、思わず虎渓を渡ってしまった。やがてトラが吠えるのを耳にしてはじめてそれに気づき、三人で大笑いしたという。

この故事から、「虎渓三笑」は、話に夢中になって他を忘れることをたとえていう。ただ、もとになったこの故事はマユツバもので、道士の陸修静が廬山に居を構えたとき、慧遠が没してからすでに三十余年が過ぎ、陶淵明もすでに二十余年前に他界しているので、三人が一堂に会することは、実際にはあり得ない話である。

石に立つ矢

漢代の武将李広《りこう》は、匈奴との戦いに敗れて敵に降った李陵の父で、弓の名手として知られていた。『史記』李将軍伝に、次のような逸話が見える。

李広があるときトラ狩りに出て、草むらの中にそれらしき姿を見かけた。そこで、弓矢を射かけたところ、射止めた手ごたえがあった。近づいて調べてみると、なんと石をトラと見まちがえて射たもので、矢は硬い石にみごとに突き刺さっていた。そこで、翌日もう一度同じ石目がけて矢を射たところ、今度は石にはね返されたという。

この故事から、懸命に事に当たれば必ず成就することを、「石に立つ矢」というようになった。最初に矢を射かけたときは、石などとはつゆ思わず、草むらにトラが身を伏せていると頭から信じて射たので、矢が石をも貫通したのである。『朱子語類』から出た「**精神一到**《せいしんいっとう》」（精神一到何事《なにごと》か成らざらん、の略）とか、わが国でいう「一念岩をも通す」とかいったものと同じである。

ところで、この「石に立つ矢」の故事とは直接関係はないが、草むらにひそむトラの出てくる熟語に、「**猛虎伏草**《もうこふくそう》」（猛虎、草に伏す）という語がある。勇猛なトラが草の中に身を伏せている意から、英雄は、一時隠れていても、いつかは必ず世に出ることをたとえていう。

李白の詩の一節に、

猛虎尺草《せきそう》**に伏す**
蔵《かく》**ると雖**《いえど》**も身を蔽**《おお》**い難**《がた》**し**

（たけだけしいトラが、一尺ほどの丈の草むらに身を伏せている。隠れてはいるが、その勇猛な姿は隠しおおせるものではない）

とあるのによる。類義語に、諸葛孔明《しょかつこうめい》のことをたとえた「**伏竜鳳雛**《ふくりゅうほうすう》」（九五ページ参照）がある。

トラを優れたものにたとえる

トラは悪者にばかりたとえられるわけではなく、いまの「猛虎伏草」のように、ときには傑出した人物や、勢いのあるものにたとえられることがある。「白虎《びゃっこ》」が、四神の一つとして、西方をつかさどる神獣に配され、畏敬の対象になっているのは、その一例といえよう。ほかにも次のような熟語がある。

まず、トラを傑出した人物にたとえたものに、『北史』張定和伝《ちょうていわ》から出た「**虎嘯《こしょう》風生《ふうせい》**」（虎嘯《うそぶ》いて、風生ず）という語がある。これは、トラが吠え叫ぶと（「嘯」は、声を長く引いて吠えること）、風が巻き起こる意で、そこから、英雄や豪傑が時機を得て奮起することをたとえていう。古来、竜が雲を呼ぶのに対して、トラは風を呼び起こすものと考えられていた。

また、『易経』革から出た「**大人虎変《たいじんこへん》**」（大人《たいじん》は虎変《こへん》す）は、秋にトラの毛が抜けて美しい文様に生え変わる（虎変）ように、大人（人格者）の徳が、時の推移につれて日々新たに進むことをいう。

なお、同じ『易経』革から出た「**君子豹変《くんしひょうへん》**」（君子は豹変す）もこれとほとんど同意であるが、「豹変」という熟語は、今では意見や態度をころっと変える無節操なさまをいい、それこそ意味が豹変してしまった語である。

トラやヒョウの毛の生え変わりにまつわる語では、『荘子』から出た「**虎豹之文《こひょうのぶん》**」というのがある。「文」は、文様のことで、トラやヒョウは毛皮の文様が美しいため、それがアダとなって人に狩猟の気を起こさせることから、才能や知識のある人が、その才智のために、かえって災いを招くことをたとえていう。

いままでの人物のたとえとは違って、勢いのある状態をトラにたとえたものに、『隋書《ずいしょ》』独孤《どくこ》皇后伝から出た「**騎虎之勢**《きこのいきおい》」という語がある。「騎虎」は、トラに騎《の》ることをいい、勢いのよいトラに騎ると、途中で下りられないことから、事の成り行きとして、途中でやめられないことをたとえていう。わが国でいう「乗りかかった舟」と同じである。

以上見てきたように、トラは、ほめられたり、けなされたり、その評価もくるくる変わる獣であるが、尊崇と畏怖は紙一重であることを考えると、そのような評価もむべなるかな。それだけ人間から良くも悪くも注目されてきた証拠といえよう。

卯・ウサギ・兎

ウサギは、ネズミの章でも述べたように、今から約六五〇〇万年前、ネズミと共通の先祖から枝分かれして、今のような姿になったといわれている。耳が大きく、後ろ足が長いウサギの形状や、夜に活動するネズミの生態から考えて、ウサギとネズミが親戚だったとは、少々意外な感じもするが、野原に巣穴を作ったり、子供をたくさん生んだりする点では似ていて、やはり共通した遺伝子を幾分かは持ち合わせているのだろう。

ウサギは、獣でありながら鳥類のように一羽二羽と数えるが、これには宗教的ないわれがあるらしい。つまり、昔のわが国の人々の生活を律していた仏教には、死んだらまた別な生き物に生まれ変わるという輪廻《りんね》思想があり、生き物、とりわけ四本足の獣の殺生は厳禁された。獣は自分の先祖の生まれ変わりかもしれないからである。

ところが、鳥類はどういうわけか殺生のタブーがゆるやかだった。そこで、ウサギを一羽二羽と数えることで鳥の一種に見立て、食べることを可能にしようと昔の人は考えたのである。

ウサギは俊足がご自慢

ウサギといえば、「ウサギとカメ」のおとぎ話がすぐ浮かんでくる。これは、紀元前六世紀頃のギリシャの作家イソップが書いたといわれる『イソップ物語』のなかの一つで、日本では安土桃山時代に来日したイエズス会の宣教師によって、『伊曾保《いそほ》物語』という名で翻訳され広まった。

その寓話にも見られるように、ウサギの一番の特徴は足が速いことである。そして、その俊足のウサギを追い詰めるのを任務としているのが猟犬で、この両者の関係に着眼してできた語に、「**狡《こう》兎良狗《とりょうく》**」(狡兎死して、良狗烹《に》らる、の略)というのがある。

「狡兎」は、すばしこいウサギ、「良狗」は、すぐれた猟犬のことで、獲物であるすばしこいウサギが死んでいなくなると、任務のなくなった猟犬は煮て食われるということ。そこから、役に立つ間は重宝がられるが、用が済めば、追い払われたり殺されたりすることをたとえていう。

漢の建国に功績のあった韓信《かんしん》が、その後、謀反を疑われて高祖劉邦《りゅうほう》に捕らえられたとき、そのような状況に立ち至った自分の運命を次のように嘆いたと、『史記』淮陰《わいいん》侯伝には記されている。

狡兎死して良狗烹られ、高鳥《こうちょう》尽きて良弓《りょうきゅう》蔵《かく》され、敵国破れて謀臣《ぼうしん》亡ぶ。

（すばしこいウサギが死んでいなくなれば、すぐれた猟犬も煮て食われ、空高く飛ぶ鳥が獲り尽くされると、性能のよい弓も蔵にしまわれ、敵国が滅びて無くなると、戦略に長じた臣も殺されてしまう）

「良狗」「良弓」「謀臣」は、すべて韓信自身のことを言ったものである。なお、二句目の「高鳥尽きて良弓蔵さる」から出た「**鳥尽弓蔵**《ちょうじんきゅうぞう》」も、同義の熟語である。

こうして韓信は、楚王の地位から淮陰侯の位に格下げされ、その後、ついには殺されてしまう。背水の陣をはじめとする謀略で項羽《こうう》軍を悩まし、漢を勝利に導いたかつての英雄も、平和時には無用の長物とみなされて、ポイ捨てされてしまったわけである。

ところで、同じ『史記』越王句践《こうせん》世家のなかに、春秋時代の越王句践に仕えた范蠡《はんれい》の言葉として、「蜚鳥《ひちょう》尽きて良弓蔵され、狡兎死して走狗烹らる」（「蜚」は、飛ぶ意。四字熟語では「**狡兎走狗**《こうとそうく》」）とあり、また『韓非子』内儲説《ないちょせつ》・下に、「**兎死狗烹**《としくほう》」（兎《うさぎ》死して、狗《いぬ》烹らる）という語も見えることから、似たような表現が昔からあったらしい。

少し趣は違うが、「秋扇《しゅうせん》」（出典は、前漢の班婕妤《はんしょうよ》の詩）も、無用になったものが捨て置かれるという意味では、これらの語と類似している。ただ、「秋扇」の場合は、男性の寵愛を失った女性のたとえとして使われることが多い。

これが「**夏炉冬扇**《かろとうせん》」（出典は、後漢の王充《おうじゅう》著『論衡《ろんこう》』）になると、意味がもっと離れてしまう。確かに、夏の炉と冬の扇は時期はずれのもので、無用のものという点では「狡兎良狗」や「秋扇」に似ているが、「夏炉」や「冬扇」は、あくまでも、時期はずれとか役立たずとかいったことのたとえに過ぎず、「狡兎良狗」や「秋扇」のように、殺されたり捨て置かれたりするわけではない。

ウサギと猟犬との関係をたとえに引く熟語では、ほかに、「**見兎放狗**《けんとほうく》」（兎《うさぎ》を見て狗《いぬ》を放つ）がある。出典である『新序』（前漢の劉向《りゅうきょう》著）に、戦国時代の民間のことわざとして、

兎を見て狗を呼ぶも、未《いま》だ晩《おそ》しと為さず。

（ウサギを見つけてから猟犬を放っても、まだ遅くはない）

とあり、事が起こってから対策を講じても、まだ十分間に合うことをたとえていう。原文からそのままとって、「**見兎呼狗**《けんとこく》」という場合もある。また、「狗」を「鷹《たか》」に置き換えた「**見兎放鷹**《けんとほうよう》」という表現もある。

はじめは処女のごとく

ウサギのすばしこさをたとえに引いた語では、「**処女脱兎**《しょじょだっと》」（始めは処女のごとく、後《のち》には脱兎のごとし、の略）がよく知られている。これは戦国時代の兵法書として有名な『孫子』から出た語で、

　始めは処女のようにおとなしくしていて、敵が油断して戸を開いたら、その後は脱兎のようにすばやく攻め込めば、敵はもう防ぐことができない。

とあるのによる。

「処女」は、家に処《お》る女《むすめ》の意で、未婚の女性をいい、おとなしいことのたとえである。もっとも、最近では必ずしもこのような意味連関は成り立たないかもしれないが……。もう一方の「脱兎」は、全速力で逃げ出すウサギのことで、非常にすばやいことのたとえ。あわせて、始めは弱々しく見せかけておいて、後で勢いよく攻めかかることをたとえていう。「**脱兎之勢**《だっとのいきおい》」もここから出てきた語である。

先ごろ、韓国の二枚目俳優のペ・ヨンジュンが日本にやってきたとき、中高年のおばさんたち

が、実物を一目見ようと彼の滞在先のホテルに押しかけ、玄関先で将棋倒しになって、何人か負傷するという事故があった。そのときの模様を、あるテレビのレポーターが現場から次のように報道していた。

「あそこの玄関先にペ・ヨンジュンさんが姿を現すと、ここで待ち構えていたご婦人たちが、我勝ちに、脱兎のごとく駆けつけて押し合い、こういう事故を招いてしまいました」

往年の処女たちが、脱兎と化して二枚目スターを追っかける姿は、なんともはや、すさまじいばかりである。

ところで、すばしっこいウサギをたとえに引いた熟語には、ほかにもいくつかあって、たとえば、『呂氏春秋』（秦の呂不韋《りょふい》編）から出た「**兎起鳧挙**《ときふきょ》」（兎起《うさぎた》ち、鳧《かも》挙がる）は、ウサギがすばやく走り出したり、カモがパッと飛び立ったりする意で、そこから、行動が敏捷ですばやいことをたとえていう。

また、これと似た語に、文与可《ぶんよか》の画を評した蘇軾《そしょく》の文章から出た「**兎起鶻落**《ときこつらく》」（兎起ち、鶻《はやぶさ》落つ）がある。ただ、後半部分の「鶻落」は、先程のカモが飛び立つのとは方向が逆で、ハヤブサが急降下すること。つまり、ウサギがすばやく走り出したり、ハヤブサが急降下して獲物を捕まえたりするように、書画や文章に勢いがあることをいう。

はてしなき戦い

人類が地球上に現れてからこのかた、数え切れないほどの戦争が行われてきた。そして、国際秩序がいちおう完成したかに見える今日でも、地球上のどこかで、宗教的・民族的対立や領土問題を理由に戦争が行われ、尊い人命が失われているのである。

飽くなき戦争の無益さ愚かしさを、ウサギとイヌの追っかけっこにたとえた、「**犬兎之争**《けんとのあらそい》」という語がある。これは、『戦国策』斉策の次のような話がもとになっている。

戦国時代に、斉と魏が戦争を始めて膠着状態に陥った。そこで、斉が一挙に魏に攻め込んで、かたをつけようとしていた。策士の淳于髡《じゅんうこん》が、それを思いとどまらせようと、斉王に次のようなたとえ話をした。

「あるとき、イヌがウサギを捕まえようと追いかけまわし、山の周囲を三遍回り、山の頂上と麓とを五度ほど往復しましたが、捕まえることができませんでした。やがて両者ともへとへとになって倒れこみ、並ぶようにして死んでしまいました。そこへ、たまたま農夫が通りかかり、労せずして獲物を二つとも手に入れました。

ところでいま、斉と魏は戦争を始めて、久しく対峙しています。そのため、兵士たちの士気はすでに萎《な》え、人民も疲れ切っています。このままでは、強国の秦や大国の楚が機を見はからって、戦争で疲弊した斉と魏を打ち滅ぼし、先ほどの農夫と同じように、労せずして斉と魏の両方の領土を手に入れることでしょう」

これを聞いた斉王は魏を攻めることの愚を悟り、すぐさま戦いをやめて帰国したという。

この寓話から、いつ果てるともない無益な戦いを、「犬兎之争」というようになったのである。また、農夫が思いがけずウサギとイヌの両方を手に入れたことから、無関係な第三者が思いがけない利益を得ることを意味する「**田父之功**《でんぽのこう》」（「田父」は農夫の意）という語もできた。

この「犬兎之争」は、同じ『戦国策』燕策から出た「**鷸蚌之争**《いつぼうのあらそい》」（「鷸」は、シギのこと。「蚌」は、ドブ貝、またはハマグリのこと）と意味が同じで、その、けんかをして動けなくなっている鷸と蚌を、通りがかった漁師が労せずして手に入れた「**漁父之利**《ぎょほのり》」は、いまの「田父之功」と同じ意味である。

ウサギの餅つき

小さい頃、月にはウサギが棲んでいて毎晩餅をついている、と大人から聞いて、目を凝らして夜空の月を眺めたことがある。その頃はまだ視力もよかったし、空気の澄んだ田舎のことなので、月の表面もよく見えた。

空想力に富む幼い目には、そう言われて見るせいか、月の白い地に浮かんだ薄暗い部分が、ウサギの杵《きね》を握った姿に見えなくもなかった。しかも臼《うす》らしきものまで、ちゃんとウサギの前にある。

そんな他愛のない、ほのぼのとしたメルヘンチックな空想を木端微塵《こっぱみじん》に吹き飛ばしてしまったのが、私の中学生時代の一九六九年、月面に着陸したアポロ十一号である。

「私にとって小さな一歩だが、人類にとっては偉大な一歩である」と、格好いい言葉を口にしながら、宇宙船から月面に降り立ったアームストロング船長の姿は、ノイズが入って見えにくかったものの、好奇心旺盛だった少年の目にしっかりと焼きついた。

結局、月にウサギはいなかったのであるが、ウサギが月で餅をついているなどという荒唐無稽《こうとうむけい》な話の出処は、どうも中国のようである。もっとも、中国の場合、「餅つき」ではなく「薬」をついていたようだが、いずれにしろ、月にウサギが棲むという伝説は中国に古くからあり、「**金烏玉兎**《きんうぎょくと》」という言葉として今に伝わっている。

「金烏」は、太陽に棲んでいるという黄金色の三本足のカラスのことで、「日」を表し、「玉兎」は、月に棲んでいるという白玉色のウサギのことで、「月」を表している。あわせて「日と月」ということになるが、単に天体としての意味にとどまらず、時間的な意味の「月日」をも表すようになった。これはまた、「**白兎赤烏**《はくとせきう》」ともいう。

「金烏玉兎」は、略して「烏兎《うと》」ともいい、それに、あわただしいさまを表す「怱怱《そうそう》」という語をくっつけて、月日があわただしく過ぎ去ることを意味する「**烏兎怱怱**《うとそうそう》」という熟語ができた。「怱怱」は「匆匆」とも書く。「烏兎」または「兎烏」に、「飛走」や「起沈」を交互に配した「**烏飛兎走**《うひとそう》」「**兎起烏沈**《ときうちん》」も同義語である。

なお、月日の経つのがはやいことを、よく「光陰矢のごとし」というが、これは四字熟語では「**光陰如**《じょ》**箭**《せん》」（光陰箭《や》のごとし）という。「光」は昼または日のことで、「陰」は夜または月の意である。またこれと同じ意味で、「**光陰流転**《るてん》」といった表現もある。

以上の語は、中国の民間に古くから伝わるもので、とくに出典といったものはない。

コロリころげたウサギさん

北原白秋作詞の「待ちぼうけ」という歌は、今の小・中学生はどうか知らないが、私ぐらいの年配なら

誰でもよく知っている歌である。実は、あれは『韓非子』五蠹《ごと》篇に収められた次のような寓話がもとになっている。

ある日、宋の国の農夫が野良仕事をしていると、突然、ウサギが走り出てきて、畑の中にあった木の切り株に足をとられ、ころんで首を折って死んでしまった。労せずしてウサギを手に入れた農夫は、また同じようにしてウサギをものにできないかと思って、

其の耒《すき》を釈《す》てて、株《くいぜ》を守る。

（持っていた鋤《すき》を放り出して、一日中、木の切り株を見守っていた）

しかし、二度とウサギを手に入れることはできず、彼は国中の笑い者となった。

株に足をとられたウサギもドジだが、そんなドジなウサギをもう一羽捕まえようと、仕事もせずに待つ農夫もまた、間が抜けていると言わなければならない。

この寓話から、「**守株待兎**《しゅしゅたいと》」（株《くいぜ》を守りて兎を待つ）という熟語ができた。これは、古い習慣や方法にとらわれ、進歩がなかったり、融通がきかなかったりすることをたとえていう。「待兎」の部分を略して、単に「守株」という二字熟語で用いる場合も多い。

ところで、「守株待兎」がどうしてそのような意味になるのか、この寓話だけではわかりにくい。どうしても農夫の愚かさの方に目が行ってしまい、ドジで間抜けな人の話としか思えないからである。

実は、著者の韓非子はこの寓話のすぐあとで、当時の儒者たちの保守的、復古主義的な政治手法を批判している。つまり、儒者が理想とする、堯《ぎょう》・舜《しゅん》・禹《う》といった古代の聖王たちの政治を当代にそのまま適用するのは、時代錯誤の何ものでもないと言うのである。

農夫が為政者を、ウサギが人民を、ウサギを手に入れるのに役立った切り株が、人民を支配する統治方法（制度や法律）を、それぞれたとえていると考えればわかりやすい。

ただ、「守株待兎」には、寓話からそのまま読み取れる意味、つまり、たまたま得た幸運に味をしめ、「以前の夢よ、もう一度」と、次の僥倖《ぎょうこう》をあてにする愚かな態度を意味する場合もなくはない。その意味のときは、わが国の、「柳の下に二匹目のドジョウをねらう」ということわざに近い。

ウサギの敵

ウサギの肉は鶏肉に味が似ておいしく、ソーセージをはじめとする加工食品に使われるだけでなく、フランス料理では重要な食材の一つとなっている。

だから、ウサギがまずもって警戒しなければならない敵は人間である。なにせ、はじめにも述べたように、わが国ではウサギを食べるために、わざわざ鳥のように「羽《わ》」で数えて、宗教的タブーをかいくぐろうとしていたくらいなのだから。

どんな獣よりも恐ろしい人間が、自分に向かって触手を伸ばしてきたときのウサギの心理を表現したものに、『宋史』反臣・李全伝から出た「**狐死兎泣**《こしときゅう》」（狐《きつね》死して、兎《うさぎ》泣く）という語がある。

これは、キツネが人間に捕らえられたのを見て、今度は自分の番かとウサギが泣くという意味で、そこから、同類の不幸を悲しむことをたとえていう。キツネとウサギは、狡猾で徳の薄いものの象徴として併用されることが多く、ここでも、不心得者が自ら招いた災難といったニュアンスが強い。そういった意味では、仏教語から出た「**自業自得**《じごうじとく》」に近い。

この語とは反対の語句構成ではあるが、意味内容としては同じことをいっている「**兎死狐悲**《としこひ》」（兎《うさぎ》死し

て、狐《きつね》悲しむ）や、「狐兎之悲《ことのかなしみ》」といった表現もある。人間の舌にとって美味なウサギが、肉食動物の標的にならないはずはない。次にウサギが警戒すべき敵は、百獣の王たるライオンである。そのライオンのウサギ狩りのさまを表現した語に、「獅子搏兎《しはくと》」（獅子、兎を搏《う》つ）というのがある。

獅子すなわちライオンは、ウサギのような弱小の獲物でも全力で捕らえる（「搏」は、捕らえる意）ことから、どんなに簡単なことでも手を抜かず、全力で努めるべきことをいう。たかがウサギとみくびらない態度こそ、王者の王者たるゆえんなのだ。

隠れ家は多いほどよい

このように、ウサギは、人間や獰猛な肉食獣から絶えず狙われているので、自己防衛しなければならない。ウサギの特徴である長くて大きな耳は、敵の襲来を聴覚的に察知するために天から授かったもので、その性能のよい耳をたとえに引いた熟語に、「鳶目兎耳《えんもくとじ》」がある。

これは、トビ（鳶）の持っている、遠くのものまで目ざとく見つける目と、ウサギの持っている、小さな音まで良く聞こえる耳のことをいい、そこから、観察力や情報収集能力にすぐれていることをたとえていう。今で言えば、敏腕な新聞記者といったところか。同義語に春秋時代の斉の管《かん》仲《ちゅう》の言行を記した『管子《かんし》』から出た「飛耳長目《ひじちょうもく》」がある。

もちろん鋭敏な耳だけでは、自分の身を守りおおせるものではなく、視覚的にも常に周囲を警戒し、いつでも逃げられる態勢を作っておかなければならない。

そして、いざ敵を見つけたら、それこそ脱兎のごとく自分の隠れ家に逃げ込み、難を避ける必要がある。そのようなウサギの行動に関連した語に、「**狡兎三窟**《こうとさんくつ》」がある。

「狡兎」は、すばしこいウサギのこと、「窟」は隠れ穴のことで、すばしこいウサギは、三つの隠れ穴を持っているということから、用心深いことをたとえていう。また、災難から逃れるのがうまいことのたとえでもある。

『戦国策』斉策に、次のような話が見える。

戦国時代、斉の孟嘗君《もうしょうくん》は斉王の不興を買い、宰相の職を解かれて、封地の薛《せつ》(今の山東省滕《とう》県の東南)に帰国して謹慎していた。そのとき、食客の馮諼《ふうけん》が次のように言った。

「**狡兎、三窟有りて、僅《わず》かに其の死を免るるを得るのみ。**

(すばしこいウサギでさえ、隠れ穴が三つあってようやく死なずに済むのです)

今あなたには一つの穴(薛をさす)しかなく、これではまだ、枕を高くしてお休みになるわけには参りますまい。私がもう二つ、穴を作って差し上げましょう」

この故事から、いくつかの逃げ道をあらかじめ作って慎重を期すことを、「狡兎三窟」という。

では、馮諼のいう残りの二つの穴とは、いったいどのようなものだったのだろうか。

馮諼は、その後、さっそく斉王のもとに出かけて行き、孟嘗君が斉国にとって必要不可欠な人物で、他国へ追いやるようなことにでもなれば、斉にとっては脅威になることなどを言葉巧みに説き、孟嘗君を宰相職に復帰させることに成功した。さらに、千戸もの領地を増やすことまで斉王に認めさせたのである。つまり、宰相職の回復と領地の加増が、残り二つの穴だったというわけだ。

ウサギに角《つの》

最後に、少し風変わりな「亀毛兎角《きもうとかく》」という熟語を紹介しよう。これは、カメの硬い甲羅《こうら》の上に毛が生え、ウサギの頭に角が生えるという意で、どう考えてもありえないことから、この世に実在しないものをたとえていう。

この語は、仏典の『首楞厳経《しゅりょうごんぎょう》』から出てきたものだが、実は、晋の干宝《かんぽう》著『捜神記《そうしんき》』にも同じ表現があり、そこでは次のように述べられている。

殷《いん》の紂《ちゅう》王のとき、大きなカメに毛が生え、ウサギに角が生えた。これは兵乱の起こる徴《しるし》である。

ここから、「亀毛兎角」は、先の意味とは別に、戦争が起こりそうな兆《きざ》し、つまり異変の前兆をいう場合もある。

なお、夏目漱石の『草枕』の冒頭に、「知に働けば角が立つ、……兎《と》角《かく》にこの世は住みにくい」とあり、「兎角に」という語が出てくるが、これは、「とにかく」という副詞に漢字を当てた「兎《と》に角《かく》」と同じ意味で、漢字本来の意味とはまったく無関係の当て字に過ぎない。

ウサギは、十二支に配された動物たちのなかで、イノシシと並んで狩猟の対象となる動物である。したがって、ウサギにまつわる四字熟語は、「脱兎之勢」や「狡兎三窟」など、逃げ足の速さや用心深さといった、捕獲される側の特徴をふまえた語が大半を占めている。しかし、これらの狩猟に関連した熟語からは、捕らえる側の喜びや満足感が、あまり伝わってこない。

これは、大型の動物をしとめたときに比べて、その充実感や満足度がやはり劣っていたことの表れであろう。たとえば、前漢の淮南《わいなん》王劉安《りゅうあん》編の『淮南子《えなんじ》』から出た「鹿を逐《お》う者は兎を顧みず」（大きな利益の前には、小利など眼中にないことのたとえ）という成句もあるように、ウサギは、獲物の中でも魅力のない、つまらないものだったようである。

辰・タツ・竜

干支を表す十二種の動物のうち、竜だけが実在しない架空の動物である。そこで、イメージを喚起してもらうために、竜の体つきをごく簡単に説明しておこう。

まず、体型は細長い円筒形で、巨大なヘビの形を想像したらよい。ただ、ヘビと違って足が四本あり、それぞれの足には五本の指が備わり、指にはタカのような鋭い爪がある。頭部にはシカの角に似た二本の角があり、口には長いひげが生えている。また、背中は八十一枚の堅い鱗で覆われている。

このように、竜はたいへん奇妙な体つきをしていて、今なら、さしずめウルトラマンの敵役の怪

獣といったところだが、中国では古来、泰平の世に出現するという霊獣（霊妙な力を備えた動物）の一つとしてあがめられ、尊ばれてきた。

ところで、中国人だけが、このような得体の知れない動物を想像したのかというと、どうもそうではないらしい。東南アジアやインド、果ては遠くヨーロッパにも竜の伝説が残されているという。ドラゴンというギリシャ語起源の名称からもそのことがわかる。

そして不思議なことに、どこの竜も同じような形態をしているのである。ウマやウシの形がどこでも同じというのは話がわかるが、あくまでも想像上の動物であるはずなのに、情報の遮断されていた大昔の人々が、同じようなイメージでその姿を思い描いていたということは、大きな驚きである。

竜とヘビは似て非なるもの

竜に関する熟語で、日常よく使うものに「**竜頭蛇尾**《りゅうとうだび》」がある。これは、頭は竜のように立派であるが、尾はヘビのように貧弱なさまを言ったもので、そこから、始めは威勢がよいが、最後のほうになると萎縮してしまうことをたとえていう。俗に言う「頭でっかち、尻すぼみ」である。

北宋の禅書『景徳伝灯録《けいとくでんとうろく》』に、

惜しむべし、竜頭翻《かえ》って蛇尾と成る。

（残念なことに、頭は竜のように立派なのに、尾はヘビのようにつまらないものになっている）

とあり、また、これより少し後の禅書『碧巌録《へきがんろく》』に、陳尊者《ちんそんしゃ》という禅僧が、問答した相手のことを評して、

頭の角《つの》をよく見るがよい。竜に似ていると言えば、似ている。だが、竜かといえば、まだ竜ではない。（つまり、一見立派そうに見えるが、まだ本物の僧ではない）

只《た》だ恐る、竜頭にして蛇尾ならんことを。

（おそらく竜頭にして蛇尾だろう）

とあるのによる。

中国の仏教関係の書籍では、このように形の似た竜とヘビを併せ用いて、竜を優れたものに、ヘビを劣ったものにたとえることが多い。

なお、この『碧巌録』から出た語に、「枯木竜吟《こぼくりょうぎん》」というのがある。「竜吟」は、勢いよくうなり声を上げること。枯れ木が風に吹かれて、勢いよく音を立てているさまをいい、そこから、苦境を脱して生命力を回復することをいう。また、すべてを投げ捨ててこそ、初めて真の生命、すなわち解脱《げだつ》の境地が得られることをたとえていう。

瞳の効用

江戸時代の漢学者頼山陽《らいさんよう》は、漢詩の「起承転結」の構成を門弟に教える際、次のような俗謡に託して説明したという。

本町二丁目の糸屋の娘　（起）
姉は十七妹は十五　（承）
諸国大名は弓矢で殺す　（転）
娘二人は目で殺す　（結）

難解な詩論をふりまわさず、若い門弟たちの興味を引くような題材で説明したところなどは、さすがというほかない。

ところで、結句に「目で殺す」とあるように、目には弓矢で人を射殺すほどの威力がある。一騎《いっき》当千《とうせん》の偉丈夫も、明眸皓歯《めいぼうこうし》なる美人にはイチコロなのである。

「目は心の窓」とか、「目は口ほどにものを言い」とかいうように、目を見れば、その人の気持ちや個性、あるいは人格がわかる場合が多い。写真やテレビなどで、目の部分にボカシを入れて、人物を特定できないようにしているのを見ても、目の果たす役割の大きさがわかろうというものである。

このように、目あるいは瞳は、その人物の核心をなす重要な部分であるが、竜においても事は同じで、「**画竜点睛**《がりょうてんせい》」（竜を画《えが》いて睛《ひとみ》を点ず）という熟語がある。これは、唐の張彦遠《ちょうげんえん》著『歴代名画記』のなかの、次のような故事がもとになっている。

中国の南北朝時代、南朝梁《りょう》の画家張僧繇《ちょうそうよう》は、金陵（今の南京）の安楽寺の壁に四匹の竜の絵を描いたが、瞳を入れると天に飛び去ってしまうと言って、最後まで描き入れなかった。しかし、人は彼の言を信用せず、それが本当かどうか、試しに瞳を入れてみてくれと要求したので、僧繇が二匹の竜に瞳を描き入れたところ、たちまち天に昇り、描き入れなかった二匹の竜のほうはそのまま残ったという。

この故事は、僧繇の画家としての腕前のすごさを伝えようとしたものだが、それよりむしろ、竜の絵に瞳を入れて最後の仕上げをした彼の行為そのものが注目されることとなり、そこから、ものごとの最後の仕上げを意味する「画竜点睛」という熟語ができた。

「睛」は、瞳のことで、物事の肝要な部分のたとえ。「天気が晴れる」というときの「晴」とは別字なので注意を要する。

この熟語には、わずかなものを加えることで全体が引き立つという別な意味合いもある。また、「画竜点睛を欠く」というふうに、否定的な言い回しで使われることが多い。

「竜」の音読みには、漢音の「りょう」と呉音の「りゅう」の二通りあるが、この熟語の場合、「りょう」と読みならわしている。

なお、「竜」のつく四字熟語は、たいてい両方の読みがあるので、これ以降、「りゅう」の読みで代表させることにする。振り仮名がことさら「りょう」となっているものは、そ

れが慣例であると思っていただきたい。

将来の有望株

『三国志』に登場する超有名な人物に諸葛孔明《しょかつこうめい》がいる。孔明は、中国史全体を通じても、最もよく知られた人物の一人だろう。

彼は、後漢末、群雄の一人である劉備《りゅうび》に「**三顧之礼**《さんこのれい》」で迎えられ、名参謀として名を馳せた。劉備との親交ぶりは、「**水魚之交**《すいぎょのまじわり》」という熟語にもなっている。

劉備の死後は、丞相《じょうしょう》としてその子劉禅《りゅうぜん》を支え、蜀漢の内政・軍事の両面において目ざましい活躍をした。宿敵である魏の討伐に向かう際に、劉禅に奉った「出師之表《すいしのひょう》」は、読む者を感涙せしめずにはおかない名文として有名である。

その孔明を初めて劉備に紹介したのは、孔明の師匠格の戦略家徐庶《じょしょ》で、『三国志』蜀志《しょくし》、諸葛亮伝によれば、

諸葛孔明は臥竜《がりょう》なり。
（諸葛孔明は淵に潜んでいる竜です）

と言って推挙したという。

この故事を、唐の李瀚《りかん》が『蒙求《もうぎゅう》』という初学者用の教科書で紹介するとき、「**孔明《こうめい》臥竜《がりょう》**」という標題をつけた。その後、この標題がそのまま四字熟語となり、まだ世に知られていない優れた人物のことを意味するようになった。

ところで、同じ諸葛亮伝の注では、孔明の推挙者を、本文の徐庶とは違って、当時、人物の鑑定人として評判の高かった司馬徽《き》（字は徳操《とくそう》）であったとして、次のように記している。


劉備が、時局の見通しについて司馬徳操に尋ねた。すると、徳操が、

「わたしのような世間知らずの儒学者などには、まったく見当もつきません。時局を見通せる者は俊傑《しゅんけつ》（才知や徳のすぐれた人物）にほかなりませんが、当地には幸いにも伏竜《ふくりょう》・鳳雛《ほうすう》といった人物がいます」

と言うので、劉備が、それは誰のことかと尋ねると、

「諸葛孔明と龐士元《ほうしげん》です」

と徳操は答えた。


ここから、「**伏竜鳳雛《ふくりゅうほうすう》**」、または「**臥竜鳳雛《がりょうほうすう》**」なる熟語ができた。これらは、「孔明臥竜」と同様

に、世に隠れた俊傑のことをたとえていう語である。

「伏竜」または「臥竜」は、淵に潜んでいる竜のことで、ここでは諸葛孔明を指す。「鳳《おおとり》」は、天下泰平のときに現れるという想像上の霊鳥・鳳凰《ほうおう》のオスで、「鳳雛」はその雛《ひな》のこと。つまり将来有望な若者のたとえで、ここでは龐士元を指す。

前途有望な若者のたとえである「鳳雛」を含む熟語には、他にも、『晋書』陸雲伝から出た「**竜**《りゅう》**駒鳳雛**《くほうすう》」（「竜駒」は、優れた子馬のこと）や、「**麟子鳳雛**《りんしほうすう》」（「麟子」は、麒麟《きりん》の子で、優れた若者のたとえ）などがある。

麒麟は、動物園で目にする実在のキリンではなく、やはり竜と同じく想像上の霊獣（霊妙な力を持つ獣）で、体はシカに似て、尾はウシに、蹄《ひづめ》はウマに類し、五色に輝く毛があるという。「麒」がオス、「麟」がメスで、「騏驎」とも書く。わが国ではキリンビールのラベルでよく目にするので、想像上のものとはいえ、わりとなじみがあろう。

なお、「鳳雛」との関連はないが、「**飛兎竜文**《ひとりゅうぶん》」もやはり、才能豊かな将来性のある子供をたとえる語である。「飛兎」「竜文」は、いずれも駿馬の名前で、そこから俊童の意に転じた。

さて、竜との関連で、これまで鳳凰や麒麟が出てきたが、これにカメを付け加えた「**麟鳳亀竜**《りんぽうきりゅう》」を、儒家の経典の一つである『礼記』では「四霊」（四つの霊獣）と呼んでいる。また、『大戴礼《だたいれい》』（前漢の戴徳《たいとく》編）では、麒麟は獣の、鳳凰は鳥の、カメは甲殻《こうかく》を持つ動物の、竜は鱗のある動物の、それぞれの長としている。

四霊は、それぞれ霊妙な力を持っていることから、よく聖人や賢者にたとえられる。また、聖人の治世に出現するという伝説があり、天下泰平の瑞兆《ずいちょう》（めでたいしるし）とみなされ、四瑞《しずい》ともいう。しかし、カメ以外は実在しない想像上の動物であることを考えると、四瑞の出現を待つというのは、結局、天下が治まることなど永遠に期待できないという、庶民の絶望的な気持ちの反映なのかもしれない。

雲を得た竜

「水を得た魚のよう」といえば、自分の本性を十分に発揮できる場や手段が与えられて、生き生きしているさまをいうが、竜にとって、魚の水にあたるものは、雲である。竜は雲を得ると、あたかも孫悟空《そんごくう》のように、雲に乗って大空高く舞い上がり、縦横無尽に飛翔する。

たとえば、「**飛竜乗雲**《ひりゅうじょううん》」（飛竜、雲に乗る）という語は、空を翔《かけ》る竜が雲に乗るという意味で、英雄や豪傑に代表されるすぐれた人物が、「雲」にたとえられる時勢や権勢に乗じて、自分の能力を存分に発揮することをいう。『韓非子』難勢《なんぜい》篇に、

飛竜は雲に乗り、騰蛇《とうだ》は霧に遊ぶ。（「騰蛇」は、天に昇るヘビの意）

とあるのによる。

また、『史記』彭越《ほうえつ》伝の賛（伝記の最後に付ける著者の私見）から出た「**雲蒸竜変**《うんじょうりゅうへん》」は、雲が湧き起こる（雲蒸）のに乗じて、ヘビが竜に変身し（竜変）、天に昇るという意味で、やはり、すぐれた人物が時運に乗じて活躍することをいう。

『三国志』呉志から出た「**蛟竜雲雨**《こうりゅううんう》」（蛟竜、雲雨を得《う》、の略）もやはり、蛟《みずち》や竜にたとえられる英雄・豪傑が、活躍すべき時と場所を得て、その力を十分に発揮することをいう。蛟は水中に棲む想像上の動物で、南北朝時代の『述異記《じゅついき》』などによると、千年生き延びた蛟は竜に化すという。

さらに、『晋書』褚陶《ちょとう》伝から出た「**竜躍雲津**《りゅうやくうんしん》」（竜、雲津に躍る）も、竜が空高く舞い上がり（竜躍）、遠く銀河（雲津）まで昇っていくように、賢才が時勢を得て出世することをいう。

少し趣は違うが、やはり雲を得た竜をたとえに引く「**雲竜井蛙**《うんりゅうせいあ》」という語がある。雲に乗って空高く翔《かけ》る竜と、井戸のなかのカエルとを比較したもので、地位や賢愚などの差が歴然としていることをいう。「**雲泥之差**《うんでいのさ》」「**雲泥万里**《うんでいばんり》」（いずれも『後漢書』逸民伝）などの語と同義である。

うだつの上がらない竜

竜は雲を得て大空高く飛翔するのが本来の姿であるが、なかには、いつまでたっても雲に乗れず、淵でじっとうずくまっている不本意な竜もいる。

　さきの「飛竜乗雲」の出処である『韓非子』の記述には、まだ続きがあって、

　雲が消え、霧が晴れてしまえば、竜やヘビも、ミミズやアリと何ら変わるところはない。


と述べている。つまり、時勢や権勢に恵まれなければ、さしもの賢者や英雄も、いつまでもうだつが上がらないというわけだ。

　本来は力がありながら、そういう不遇な状況にある人のことを、「**竜蟠鳳逸**《りゅうばんほういつ》」（李白「韓荊州《かんけいしゅう》に与うる書」）という。「竜蟠」は、竜が淵にうずくまって潜んでいる状態、「鳳逸」は、鳳が世人の目に止まらずにいる状態をいい、そこから、才能がありながら、それを発揮できずにいる人をたとえていう。

　これが「**竜蟠蚖肆**《りゅうばんげんし》」（前漢の揚雄《ようゆう》著『揚子《ようし》法言』）となると、そのうずくまり方がもっとひどいことになる。「蚖」は、イモリのこと。「肆」は、勝手気ままに振舞うこと。竜がいつまでも水中でじっとうずくまって動かずにいると、警戒心の強いイモリもさすがに竜を恐れなくなり、勝手に振る舞うようになるという意味で、弱小なイモリからもばかにされるような竜のことをいう。

　そこから、優れた才能があっても、民間にうずもれたまま、いつまでも力を発揮せずにいると、

結局は凡人に侮られてしまう、という警鐘の意味を含んでいる。

目を射抜かれた竜

うだつの上がらない竜がいるかと思うと、一方では、ちょっと油断したがために、大きな痛手をこうむったドジな竜もいる。

『説苑《ぜいえん》』正諫篇《せいかんへん》（前漢の劉向の撰）に次のような話が見える。

昔、一匹の白竜が淵に下りてきて、魚に身を変えて遊んでいた。ところが、たまたまやって来た漁師から目を射抜かれてしまった。目は竜にとって最も大切なもの。それを傷つけられたのだからたまらない。ほうほうの体で天に逃げ帰った白竜は、さっそく天帝にその漁師の行為を訴え出たが、天帝がその訴えを退けて言うには、

「魚をとるのは漁師の職分だ。魚に化けて遊んでいたお前のほうが悪い。そのような禍を受けるのも当然のことだ」

と、取り付く島もない。白竜は、仕方なくそのまま泣き寝入りしたという。

この寓話から、「**白竜魚服**《はくりゅうぎょふく》」という熟語ができた。「白竜」は、もともと天帝の側に控えて仕え

るハイクラスの竜で、高貴な身分の人のたとえ。「魚服」は、魚の格好をすること、つまり、下賤な者が着るような服を身にまとうことをいう。そこから、高貴な人が身をやつしたり、微服して出歩いたがために、危険な目に遭ったりすることをたとえていう。

最近、マツケンサンバというコミカルな歌で新しいキャラクターを発揮している俳優の松平健の往年のはまり役、「暴れん坊将軍」も、江戸の市中にお忍びでよく出かけるが、ああいう微行は、どんな危険が待ち受けているかわからないのでほどほどに、という戒めである。

これと同じような趣旨の語に、『易経』乾《けん》から出た「**亢竜《こうりょう》有悔《ゆうかい》**」（亢竜、悔い有り）がある。「亢」は、高き、高きを極めること。天高く昇りつめた竜に後悔するような事態が起こることをいう。つまり、地位や身分を極めた人は、没落する危険が常にあるので、十分注意しないと後悔するぞという、これもやはり、富貴を手に入れた人への戒めの言葉である。

東の竜、西のトラ

竜とトラは強いものの双璧で、闘いに関する熟語によくペアーで出てくる。たとえば、「**竜虎《りゅうこ》之《の》争《あらそい》**」や「**竜戦《りゅうせん》虎《こ》争《そう》**」（『文選《もんぜん》』所収の後漢の班固の文）は、文字通り強いもの同士が闘うことをいう。ほかにも、「**虎擲《こてき》竜拏《りゅうだ》**」（「擲」は、投げ打つこと。「拏」は、つかみ合うこと）や、「**竜虎《りゅうこ》相搏《そうはく》**」（竜虎、相搏《あいう》つ）、「**竜攘虎《りゅうじょうこ》搏《はく》**」（「攘」は、うち払うこと）、「**竜騰《りゅうとう》虎《こ》闘《とう》**」（「騰」は、勢いよく天に昇ること）などたくさんある。

では、なぜ強い者同士の闘いとなると、竜とトラが引き合いに出されるのか。それは、竜は東方をつかさどる神（青竜《せいりゅう》）、トラは西方をつかさどる神（白虎《びゃっこ》）で、いずれ劣らぬ東西の両雄とみなされているからである。

中国では、古来、夜空の四方にある星座に、四獣（青竜、白虎、朱雀《しゅじゃく》、玄武《げんぶ》）の名をあてがい、それらがそれぞれ東西南北の方角をつかさどると考えられていた。そこから、これらを四神ともいう。ちなみに、朱雀（朱色のスズメ）は南、玄武（黒色の、カメとヘビとが合体した形の想像上の動物）は北をそれぞれつかさどる。

なお、この四神の考え方は古代の日本にもすでに伝わっていたようで、奈良県の明日香村にある高松塚古墳内の壁には、南方の朱雀を除く三神の絵柄が、それぞれ東、西、北の三壁に描かれている。

このように、竜とトラは宿命のライバルで、闘いの場によく引き出されてくるのだが、力の伯仲した強い者同士の闘いは、そう易々《やすやす》と決着がつくものではない。往年の名横綱の栃錦《とちにしき》と若乃花の栃若《とちわか》戦や、柏戸《かしわど》と大鵬《たいほう》の柏鵬《はくほう》戦などは、よく水入りの大一番になったものだ。

決着がつかない闘いは、そのうち「**竜疲虎困**《りゅうひここん》」といった状態になる。これは、竜とトラとの闘いが決着せず、共に疲労困憊《ひろうこんぱい》したさまをいう語で、そこから、いずれ劣らぬ両雄同士が、いつ果てるともない闘いを繰り広げた結果、精も根も尽き果ててしまうことをたとえていう。

逆鱗に触れる

冒頭で、竜の背中は八十一枚の鱗で覆われていると述べたが、なぜ八十一枚なのか。これは、おそらく中国に古くからある陰陽説の考え方が関係していると思われる。

陰陽説とは、天地の間に存在するあらゆるものは、陰と陽の二つの要素からできているという考えで、たとえば、空間は天と地、天体は日と月、人間は男と女、といった陽と陰の要素からそれぞれ成っているという説である。

数も例外でなく、基本になる一から九までの数のうち、奇数の一、三、五、七、九が陽、偶数の二、四、六、八が陰である。このうち、陽の一番大きな数である九が最もよい数と考えられていて、たとえば、九の重なる九月九日は、長寿を祈願する重陽の節句として、昔から年中行事のなかでもとりわけ重要な一日と考えられている。

この、数の中の王者ともいうべき九を二つ掛け合わせると八十一になる。したがって、大吉と大吉を掛け合わせたぐらいの幸運を背負った数がこの八十一なのである。王者にもたとえられる竜には、まことにふさわしい数といえよう。

さて、竜には背中の鱗とは別に、もう一枚、喉元《のどもと》に逆さに生えた鱗がある。これを逆鱗《げきりん》といい、それに触った者は、怒った竜に殺されるという。

『韓非子』説難《ぜいなん》篇に、次のような記述がある。

もし竜の逆鱗に触れる者がいたら、竜はその人を必ず殺すという。

人主も亦、逆鱗有り。

(人主にも竜の逆鱗のようなものがある)

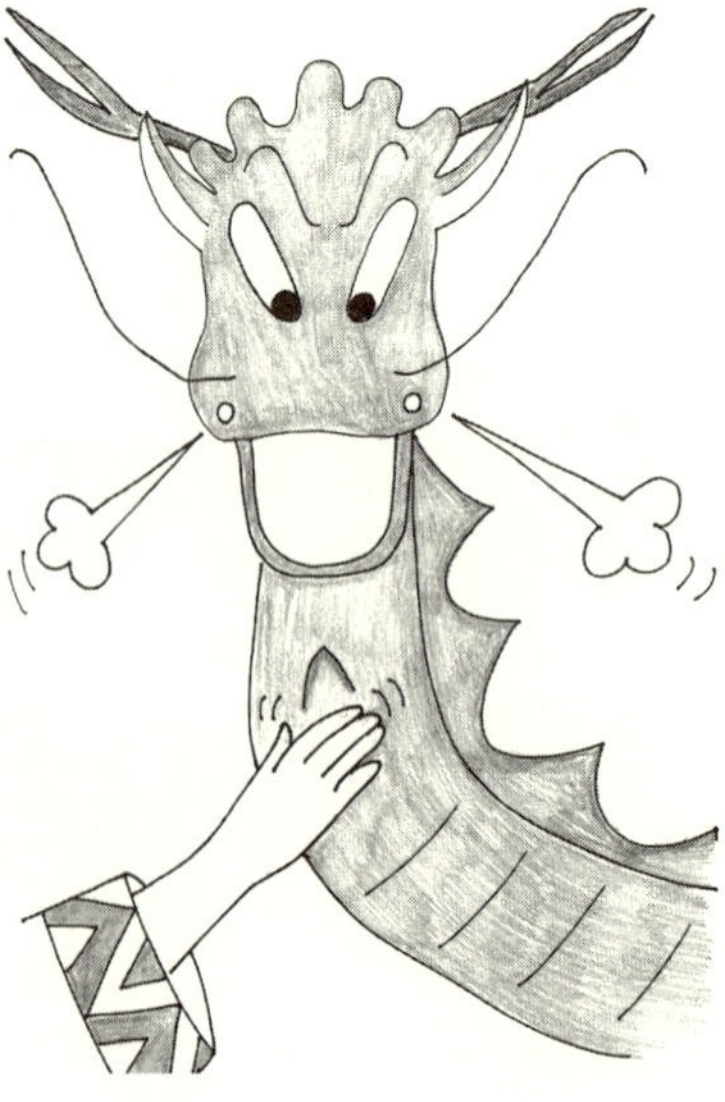

だから、意見を述べる者は、人主の逆鱗に触れないように説かなければならない、と韓非子は説く。

ここから、君主の機嫌を損ねて激しい怒りを買うことを、「**人主逆鱗**《じんしゅげきりん》」という。ふつう、「逆鱗に触れる」という言い方で用いる。

鱗なんぞ、あまり触れたくもないが、それが鱗でなく宝玉であったら、どうするだろうか。ひょっとしたら取ろうという気を起こすかもしれない。『荘子』列禦寇《れつぎょこう》篇から出た「**驪竜之珠**《りりょうのたま》」（「驪」は黒毛のウマをいい、「驪竜」で黒竜をさす）は、黒い竜の頷《あご》の下にあるといわれる宝玉のことで、世にも珍しい貴重なものをたとえていう。これはまた、「**頷下之珠**《がんかのたま》」ともいう。

この宝玉が欲しければ、危険を覚悟で取りに行かねばならない。「驪竜之珠」と出典を同じくする「**探驪獲珠**《たんりかくしゅ》」（驪《り》を探《さぐ》り珠《たま》を獲《う》）は、黒竜の頷の下を探って珠を得る意から、危険を冒して大きな利益を得ることをいう。これは、「トラ」の章で取り上げた「**虎穴虎子**《こけつこし》」（四九ページ）と同義語である。

天子の相

「人主逆鱗」からもわかるように、竜は、天子や君主など、高貴な身分の人によくたとえられる。たとえば、「**竜瞳鳳頸**《りゅうどうほうけい》」は、竜のような瞳と鳳のような頸《くび》のことから、高貴な人の気品に満ちた容貌をたとえていう。

『新唐書』袁天綱《えんてんこう》伝に、次のような話が見える。

唐の則天武后《そくてんぶこう》がまだ幼少の頃、彼女を男子として紹介された袁天綱が、彼女の、頸をまっす

ぐ伸ばした姿勢と目を見て、
「この子の、竜のような瞳と鳳のような頸は、きわめて貴い相を表している。この男の子がもし女の子だったら、きっと天子になるだろう」
と評したという。

後年、この予言が的中して、高宗の皇后であった則天武后は、ついに女帝の位につき、国号を「周」と改めた。唐王朝はこれにより一時的に滅ぶことになる。

この語のほかにも、『新唐書』太宗本紀から出た「**竜**《りゅう》**鳳**《ほう》**之姿**《のすがた》」や、『晋書』嵆康《けいこう》伝から出た「**竜**《りゅう》**章**《しょう》**鳳**《ほう》**姿**《し》」（「章」は体の模様のこと）などもやはり、天子や貴人の優雅な立ち居ふるまいや、神々しく気品のある容貌をたとえていう語で、いずれも鳳とペアーになっているのが特徴である。

これがトラとペアーになった語になると、天子の持つ威厳が強調される感じがあり、ややいかめしい雰囲気が漂うことになる。

たとえば、『史記』周本紀から出た「**竜顔**《りゅうがん》**虎眉**《こび》」は、周の文王の容貌を形容したもので、竜やトラのように眉骨が隆起して丸い弧を描いた骨相をいい、天子の威厳ある容貌をたとえていう。「**竜**《りゅう》**睛**《せい》**虎目**《こもく》」も、竜やトラのような威厳のある目つきの人をいう。

また、『宋書』武帝本紀から出た「**竜行**《りゅうこう》**虎歩**《こほ》」は、顔つきではなく歩き方に着目した語で、竜やトラのように周囲を威圧して歩く、天子の威厳のある歩き方をたとえていう。

一方、竜が天子をたとえるのでも、『史記』封禅書《ほうぜんしょ》から出た「**竜隠弓墜**《りゅういんきゅうつい》」（竜隠れ、弓墜《ゆみお》つ）となると、天子の身に起こる不幸をいう。「竜隠」は天子が隠れること。また「弓墜」も、天弓すなわち空にかかった虹が墜ちることから、天子の崩御を意味する。

名君あれば名臣あり

竜にまつわる熟語には、君臣関係をたとえたものがいくつかある。たとえば、『文選』所収の前漢の王褒《おうほう》の文章を典拠とする「**竜興致雲**《りゅうこうちうん》」（竜興《おこ》りて雲を致《いた》す）という語は、竜が天空に奮い興って雲を湧き起こすという意味で、徳のある天子が立つと、おのずと賢明な臣下が現れることをたとえていう。

また、同じく『文選《もんぜん》』所収の後漢の張衡《ちょうこう》の賦《ふ》から出た「**竜吟虎嘯**《りゅうぎんこしょう》」（竜吟じ、虎嘯《うそぶ》く）は、竜が声をあげれば雲が湧き起こり、トラがうなれば風が生じるということから、同じ考えや志を持った者同士が、互いに引き付け合うことをいう。多くは、名君が賢臣を得るたとえに用いられる。

なお、この語で君臣関係のたとえになっているのは竜とトラではなく、竜と雲、トラと風という組み合わせなので注意を要する。雲や風の語が字面にないので、意味がとらえにくいかもしれない。

そこへいくと、『易経』乾から出た類義語の「雲竜風虎《うんりゅうふうこ》」は、雲を起こす竜（雲竜）と、風を呼ぶトラ（風虎）が、字面にそのまま表れているのでわかりやすい。この語もやはり、竜とトラが君主のたとえ、雲と風が臣下のたとえであることは言うまでもない。

同じ君臣関係を表す語でも、「**攀竜附鳳**《はんりゅうふほう》」（竜に攀《よ》じ、鳳に附《つ》く）は、君主に対する臣下のあり方を少々皮肉まじりにいう語で、「攀」と「附」は、どちらも他にしがみつく意から、竜や鳳にたとえられる名君や権勢のある者に寄りすがって、功をあげたり出世をはかったりすることをいう。

『漢書』叙伝・下の中の、漢王朝の始祖である劉邦の臣下を評した文章に、次のようなくだりがある。

前漢の功臣の樊噲《はんかい》、夏侯嬰《かこうえい》、灌嬰《かんえい》、酈商《れきしょう》らは、いずれも卑賤の出で、しかも凡庸であったが、

竜に攀じ、鳳に附き、並《とも》に天衢《てんく》に乗《のぼ》る。

（みな竜につかまり、鳳にしがみついて、ともに都に登った）

つまり、高祖劉邦に付き従って、ともに中央で名声を得た、というのである。『三国志』孫権

伝・注から出た「攀竜附驥《はんりゅうふき》」（「驥」は一日に千里を行く駿馬《しゅんめ》）も、これと同義である。

ずば抜けた人物

竜は、天子・君主といった地位的に最高の者をたとえるだけでなく、豪傑、俊才、聖人など、他に抜きん出た優れた人物のたとえにもなる。

たとえば、「竜驤麟振《りゅうじょうりんしん》」（『晋書』段灼《だんしゃく》伝）は、竜が躍り上がり（竜驤）、麒麟《きりん》が奮い立つ（麟振）ことをいい、そこから、豪傑が世に威勢よく現れて、勢力が盛んであるさまをいう。あるいは、「竜驤」を威光の盛んな意、「麟振」を仁徳の優れた意にとって、威光と恩恵を兼ね備えた人物を賞賛して言う場合もある。

また、「竜驤虎視《りゅうじょうこし》」（『三国志』蜀志・諸葛亮伝）も、竜が勢いよく天に昇り、トラが鋭くにらむ意から、英雄・豪傑が威勢を天下に示すたとえである。

このほか、「人中之竜《じんちゅうのりゅう》」（『晋書』宋纖《そうせん》伝）は、多くの人の中で、ずば抜けた才能を持った人のことであり、「竜象之力《りゅうぞうのちから》」（李白の詩）は、水中における竜や、陸上におけるゾウのように、他に突出した優れた人物の能力や、高僧の徳をたとえていう。

勢いが盛んなものは、何も人間だけとは限らない。中国では書道が盛んだが、その書体の一つである草書の流れるような筆跡が、あたかも竜が躍っているかのように見えるところから、草書の筆勢を竜にたとえることがよくある。

たとえば、「竜跳虎臥《りゅうちょうこが》」（王羲之《おうぎし》の書を評した、袁昂《えんこう》の『古今書評』）は、竜が天に向かって身を躍らせたり、トラが大地に身を臥せたりしているさまをいい、そこから、筆勢が何の束縛も受けずに縦横無尽であるさまをたとえていう。

また、「浮雲驚竜《ふうんきょうりゅう》」（『晋書』王羲之伝）も、空にゆらゆらたなびく雲と、荒々しく空を翔《かけ》る竜の意から、筆勢が、緩急自在で自由闊達なさまをいう。

ほかにも、「竜飛鳳舞《りゅうひほうぶ》」（竜飛び、鳳舞う）、「竜蟠鳳舞《りゅうばんほうぶ》」（「蟠」は、とぐろを巻く意）など、竜を筆勢のたとえとする語は種々ある。

ちょっと毛色の変わった熟語では、『史記』荀卿《じゅんけい》伝から出た「談天雕竜《だんてんちょうりょう》」（天を談じて、竜を雕《ほ》る）という語がある。「談天」は、広大深遠な天体を論じること。「雕竜」は、竜を雕るように、見事に文章を飾り立てること。つまり、弁論や文章が立派で巧みなことをいう。また、実用には役立たない抽象的な議論や、無駄な努力をたとえていう場合もある。

さて、これまで竜にまつわる四字熟語を見てきたが、その数の多さには正直言って驚いた。我々の生活に密接に関わっているウシやウマに関する熟語が多いというのは合点が行くが、想像上の生き物でしかない竜に、なぜこれだけ多くの熟語があるのだろう。

これはたぶん、竜が実在しない想像上のものだからこそ多いのだろう。われわれは、実在しないものには、いくらだって想像をたくましくできる。漫画や小説がいろんな場面を作り出して表現できるのと同じ理屈である。

そして、実体がない分、言葉がどんどんエスカレートして、現実離れした化け物のような得体の知れないものを作り出してしまう。竜にまつわる熟語に、天子の様相をたとえる語や、ずば抜けた人物を形容する語がとりわけ多いというのも、その辺りに事情があるのかもしれない。

巳・ヘビ・蛇

考えてみれば、ヘビは不思議な生き物である。陸上動物なのに歩くための足を持たず、魚と同じような鱗がある。だから、形態的な特徴としては、むしろ水棲動物に近いと言えよう。生息する場所も地上だけとは限らず、地下、樹上、水辺など、無原則と言えるほどいろいろな場所に出没する。

そういう得体の知れなさからか、人間のヘビに対するイメージはあまり芳しくない。キリスト教の聖典である旧約聖書では、アダムとイブに禁断の果実を食べるように唆《そそのか》した邪悪なものとして出てくるし、中国でも「蛇蝎《だかつ》のごとし」といえば、ヘビやサソリのように忌み嫌うべきもののたとえである。

しかし、実際は、そういう邪悪で陰険なイメージとは裏腹に、一般にヘビはおとなしく、毒蛇でも自衛のとき以外は人間を攻撃することはほとんどない。そして、農作物に被害を与えるネズミやイタチ類を獲って食べてくれる。そういう点では、むしろ大いに人間の役に立っていると言えるのかも知れない。

余計なことをしたばっかりに

ヘビの外見的な特徴は、何といってもやはり足がないことである。もともとはあったようだが、進化の過程で退化してしまったらしい。陸上に住む生き物で足のないものは、他にもミミズとかナメクジとか若干いるが、体の大きな生き物ではヘビぐらいのものだろう。

さて、この章はまず、ヘビに足のないことを知らなかったばかりに、お酒を飲みそこなったドジな男の笑い話から始めることにしよう。

『戦国策』斉策に、次のような話が見える。


楚のある勢家が、先祖の慰霊祭を行って、使用人に酒をふるまった。ところが、酒の量が、何人かで飲もうとすると足りないし、一人で飲むには多すぎた。そこで、地面にヘビの絵を描く競争をして、描き終えた者から順番に飲むことにした。

真っ先に描き終えたある男が、酒の入った大杯を引き寄せて言うには、

「おれは、このヘビの足だって描けるぞ。」

そう言いながら、余裕綽々《しゃくしゃく》でヘビの絵に足を描きたしはじめた。ところが、そうこうしているうちに、もう一人の絵が出来上がり、その人が大杯を奪って言うには、

「**蛇、固《もと》より足無し。子《し》、安《いず》くんぞ能《よ》く之《これ》が足を為《つく》らん**」

（もともとヘビに足なんかないぞ。どうしてヘビの足など描けようか）

他の人の絵も次々と出来上がり、足を描いていた男は、結局、酒を飲み損ねてしまった。

この寓話から、余計なことや、無駄なことをする意の「**画蛇添足**《がだてんそく》」（蛇を描きて、足を添う）という熟語ができた。ふつう、略して「蛇足《だそく》」といい、こちらの方がよく用いられる。これはまた、「**為蛇画足**《いだがそく》」（蛇を為《つく》りて足を画く）「**為蛇添足**《いだてんそく》」（蛇を為りて足を添う）などともいう。

それにしても、ヘビに足を描くとして、さて、長い胴体のどこに、何本つけたものだろうか。二本では少ないし、かといって、ムカデみたいにたくさんつけると、腹面は足だらけになってしまう。

このように考えると、胴体の長いヘビにとって、やはり足のないのがいちばん合理的で動きやすいのかもしれない。天のはからいには、それなりの根拠がちゃんとあるのである。

蛇はまっすぐ進めない

では、足のないヘビはどうやって前に進むのだろうか。同じく足のない魚が水中で動き回るさまを思い浮かべて欲しい。尾ひれを振ったり体をくねらせたりして、水に対する抵抗力をうまく推進力に変換して水中を移動していく。

ヘビもそれと同じで、尾ひれこそないが、地面に這わせた体を波状的にくねらせ、腹面にあるウロコと地面との摩擦力をうまく推進力に変えて進むのである。だから、摩擦の生じない滑らかな面、たとえば氷上ではヘビは思ったように進めない。

身をくねらせて進むヘビは、四字熟語ではくねり曲がるもののたとえである。たとえば、「**蜿蜒**《えんえん》**長蛇**《ちょうだ》」は、くねくねと曲がりながら長く続いているさまをいう。「蜿蜒」は、竜やヘビがくねくね曲がりながら進むさまをいい、「蜿蜿」「蜒蜒」とも書く。また、意味を度外視して、簡便な「延延」を使うこともある。「長蛇」は胴体の長いヘビのことで、長いもののたとえ。よく単独で、「長蛇の列」などと用いられることが多い。

この類義語に、「**紆余委蛇**《うよいだ》」（『文選』所収の司馬相如《しょうじょ》の賦）がある。「紆余」は、山や丘などがうねって、長く続いているさまをいう。「委蛇」も同じく、うねり曲がるさまをいう。「委」の原義に、「なよやかな女性」の意があり、そこから「うねり曲がる」意が出てくる。

「紆余」のつく語では、「**紆余曲折**《うよきょくせつ》」がよく知られている。これも曲がりくねっているさまをいうが、今では、具体的なさまから転じて、「問題が、紆余曲折を経てやっと解決した」というように、事情が込み入っていて、問題解決の方向が二転三転するさまをたとえていうことが多い。

曲がりくねっているさまを表す語では、他に、唐の柳宗元の文章を典拠とする「**斗折蛇行**《とせつだこう》」がある。「斗」は北斗七星で、「斗折」は、北斗七星のように折れ曲がること。「蛇行」は、ヘビのように曲がりくねって進むことで、単に「蛇行」だけで用いられることが多い。

なお、長蛇は長蛇でも、「**封豕長蛇**《ほうしちょうだ》」となると意味が違ってくる。「封」は大きいという意味で、「封豕」は大きなイノシシのこと。「長蛇」は長くて大きなヘビのこと。いずれも食欲旺盛で貪欲なものをいう。

春秋時代、呉が楚を侵略したとき、楚の重臣申包胥《しんほうしょ》は、急遽、強国秦に援軍を頼みに行った。『春秋左氏伝』によると、そのとき申包胥が秦王に奏上した文言のなかに、次のような一節があった。

呉、封豕長蛇と為《な》り、以て上国を荐食《せんしょく》す。

（呉は、あたかも封家長蛇となって、楚の王都に近い諸国の領土を侵略しています）

ここから、己の野心や欲望を満たすために他を脅かすものを、「封家長蛇」というようになった。

世人の裏をかく

ふだん見かける状態とは違う異様なものに対する心理をうまく利用して、事なきを得た賢いヘビの話が、『韓非子』説林《ぜいりん》・上に見える。

ある沢の水が干《ひ》上《あ》がり、住んでいたヘビたちが、他の沢へ引っ越すことになった。そこで、小さなヘビが大きなヘビに向かって言った。

「人の通る道を渡るとき、大きなヘビのあなたたちの後から、小さなヘビの私がのこのこついて

いけば、人は単なるヘビの行進と見て、あなたたちを殺すかもしれません。ここはひとつ、大きなあなたたちが、お互いに他のヘビの尾を口にくわえて一列縦隊になり、小さな私をお神輿《みこし》みたいに背負って道を渡ってはどうでしょうか。人に見つけられても、きっと神様の行列だと思って、手出しすることはないはずです」

そこで、大きなヘビたちは、言われた通りに小さなヘビを担いで道路を渡っていった。すると、それを見た人々は、「神様のお通りだ」と言って道を譲ったという。

この寓話から、「**涸沢之蛇**《こたくのへび》」という熟語ができた。「涸沢」は、水の干上がった沢のこと。そこに住んでいたヘビたちが、知恵をめぐらして、うまく他の沢へ引越しできたということから、相手をうまく利用して、ともに利益を得ることをいう。

ところで、この寓話が語られた場面を説明しておこう。

戦国時代の斉の重臣田成子《でんせいし》は、あることがきっかけで王様に煙たがられるようになり、身の危険を感じていた。そこで、燕《えん》の国に逃亡しようと、家来の鴟夷子皮《しいしひ》を連れて望《ぼう》の町までやってきた。宿を探す段になって、家来の子皮が主人の田成子に語ったのが、このヘビの寓話である。

子皮は、この寓話に続けて、主人に次のような提案をした。

「あなたはご立派な風采で、私はみっともなく貧弱です。ですから、誰が見てもあなたが主人で私が家来と思うでしょう。そこで、見かけとは反対に、ご立派なあなたが貧相な私の従者という形を取れば、私は大国の君主とも見られて、私たちに危害が及ぶこともないでしょう」

田成子はなるほどと思い、家来が持つべき関所の鑑札を彼自身が身につけ、みすぼらしい子皮の後について宿の門をくぐると、案の定、たいそう丁重にもてなされたという。

このように、ふだん見慣れた光景とは違う異様なものに出くわすと、我々はそこに何か特別な意味があるように思いがちだが、そういう見方の裏をかくことで、通常では考えられない利益や効果を生み出すこともあるのである。

天はすべてお見通し

ヘビにまつわる話でぜひ紹介したいのが、『蒙求《もうぎゅう》』（唐の李瀚《りかん》撰）にある、孫叔敖《そんしゅくごう》（春秋時代の楚の人）の次のような逸話である。

孫叔敖がまだ幼い頃のある日、泣きながら家に帰ってきた。どうしたのかと母親が尋ねると、外で遊んでいるとき両頭のヘビ（頭が二つあるヘビ）を見かけた。そんなヘビを見たものは必ず死ぬということだから、もうすぐ自分は死んでしまうのではないかと心配だというのである。

そこで、母親がそのヘビは今どこにいるのかと尋ねると、またほかの人がそれを見たらいけないと思い、殺して埋めたという。

それを聞いた母親は、息子の叔敖を慰めて言った。

「安心しなさい、お前は死なないよ。

陰徳有る者は、天、報ゆるに福を以てす」

（誰も見ていなくても良いことをした人には、天は福を授けてくださるのだよ）

幾年かが過ぎ、楚の王宮に仕えていた叔敖がいよいよ宰相となるに及んで、彼の幼い頃のエピソードを聞き知っていた人々は、彼が思いやりのある人物であることをよく知っていたので、実際に政務を執る前から、その政治に信頼を寄せたという。

両頭のヘビを見たときの孫叔敖は、今の幼稚園児くらいの年齢だろうか。そんな幼い子が、自分の生命さえ定かでないのに、他人の生命にまで思いを致したというのだから、なかなか見上げたものだ。しかも、誰かに言われたわけでもなく、自分からすすんで元凶であるヘビを殺して埋めたのである。

　孫叔敖が行った、このような人知れず行う善行を、「陰徳」という。陰徳を行った者は天も放って置かない、という趣旨のことはすでに『淮南子《えなんじ》』人間訓《じんかんくん》に、

陰徳有る者は、必ず陽報有り。

（人知れず徳を積む人には、必ずよい報いがある）


とあり、ここから「陰徳陽報《いんとくようほう》」という熟語ができた。「陽報」は、目に見える形で現れるよい報いのことで、「陰」と「陽」のコントラストの妙をうまく効かした構成になっている。

　ところで、孫叔敖が見たという両頭のヘビは、ほんとうにいたのだろうか。それを考える際に参考になるのが、ベトナム戦争で米軍が使用した枯葉剤の影響で、一つの胴体を共有する状態で生まれてきた、ベトちゃん、ドクちゃんという双生児のことである。今では、分離手術の成功によって、二人ともめでたく自分固有の体を持てる状態になり、ベトちゃんの方が体調が万全ではないものの、それぞれの人生を歩んでおられるが、当初、二人の存在は、そのまま戦争の悲惨さ、むごたらしさを、われわれに強く訴えかけるものだった。

　この二人は、いわば両頭の人間だったわけで、そこから推して考えると、自然界でも、何らかの

異変によって、両頭のヘビが生まれてくる可能性は十分にある。

その両頭のヘビにまつわる熟語に、『孫子』から出た「**常山蛇勢**《じょうざんだせい》」というのがある。常山は、今の河北省の恒山《こうざん》のことで、そこに棲んでいた率然《そつぜん》という名の両頭のヘビは、首を攻めれば尾で応じ、尾を攻めれば首で応じ、胴体を攻めれば首と尾で応じたという。

そこから、兵法で、先陣と後陣、左翼と右翼とが互いに連絡し、助け合って、敵に乗じる隙を与えない戦法をいう。

また、ものごと、特に文章の各部分が照応し、首尾一貫していることをたとえていう。

病は気から

精神と肉体は無関係のものか、それとも密接に関係し合っているものかという問題は、古くから哲学的な命題の一つとして、繰り返し論じられてきた。

精神と肉体はそれぞれ別物だとする考えを二元論というが、その立場に立てば、「病は気から」などということはありえないことになる。

しかし実際は、ストレスがたまると胃がキリキリ痛むのは日常よく経験することだし、癌にかかった人が、気持ちの持ちようで死期を遅らせたり、ときには病気そのものを克服して健康を回復したりする事例をよく耳にする。

そうすると、精神と肉体には、やはり密接な関係があるわけで、「病は気から」ということわざは、至極まっとうなことを言っていると考えたほうがよさそうだ。

その「病は気から」と同様の趣旨を表す熟語に、「**杯中蛇影**《はいちゅうだえい》」（杯中の蛇影）がある。これは、後漢の応《おう》邵《しょう》著『風俗通』に見える、次のような故事がもとになっている。

後漢末、汲《きゅう》県（今の河南省）の長官をしていた応彬《おうひん》（著者応邵の祖父）が、夏至の日に暑中見舞いに来た部下の杜宣《とせん》に酒をごちそうした。杜宣は杯の中にヘビの姿を認めたが、上司から勧められた杯を口にしないのも悪いと思い、そのまま飲み干した。しかし、杯中のヘビのことがずっと気になって、それ以来、体調が優れなかった。

話を聞いた応彬は、朱塗りの石弓が部屋の北側の壁にかかっているのを思い出し、杯中のヘビは、きっとそれが映ったものだろうと考えた。そこで、杜宣を再び同じ部屋に招いて杯を取らせると、果たせるかな、前回と同じようにヘビの姿が杯の中に浮かんだ。そこで、事の次第を杜宣に説明してやると、病気はたちまち回復したという。

この故事から、いったん疑い出すと、何でもないことでも悩みの種になることを、「杯中蛇影」というようになった。

なお、『晋書』楽広《がくこう》伝にも、これとほぼ同じ内容の話が採録されているが、そこでは、壁に掛かっていたのはヘビの姿を描いた角弓《つのゆみ》になっている。

この「杯中蛇影」とよく似た趣旨の熟語に、「**窃鈇之疑**《せっぷのうたがい》」がある。「窃」は盗む意で、「鈇」は斧《おの》に同じ。斧をなくした男が隣家の子を疑ったという話が、『列子』説符《せっぷ》篇に見える。

昔、斧をなくした男が、隣家の子が盗んだのではないかと疑った。そういう目でその子の様子をうかがっていると、言動や顔つきまで怪しく思われてきた。

ところが、たまたま自宅のくぼ地を掘っているとき、なくしたはずの斧がひょっこり出てきた。どうも自分で間違って埋めてしまったらしい。

その後、改めて隣家の子を見ると、怪しいそぶりはまったく感じられず、とてもかわいらしく見えたという。

この寓話から、疑い出すと何でもないことまで疑わしく思えてくるという意味の、「窃鈇之疑」という熟語ができた。いわゆる、「**疑心暗鬼**《ぎしんあんき》」と同じであるが、この「疑心暗鬼」は、『列子』のいまの話に、宋代の林希逸《りんきいつ》がその著『鬳斎口義《けんさいこうぎ》』のなかで注釈をつけた際に用いたのが最初で、次のように見える。

此の章は、猶《なお》、諺言《げんげん》のごとし。諺《ことわざ》に曰く、「疑心、暗鬼を生ず」と。

（この話は、ことわざで言っていることと同じである。ことわざに言う、「いるかもしれないと思うと、暗がりに幽霊が見えてくる」と）

この記述から、「疑心暗鬼」という言い方は、ことわざとして宋代の世にすでに流布していたことがわかる。

わが国の、「幽霊の正体見たり枯れ尾花」（幽霊だと思ったのは、実は枯れススキが垂れ下がっている姿を見誤ったものだった）という古い川柳も、やはりこれらの熟語と同様の心理を諧謔《かいぎゃく》的に詠んだものである。

草むらの蛇

余計な口出しをしたばっかりに、面倒なことに巻き込まれることを、「藪《やぶ》をつついて蛇を出す」とか、単に「藪蛇《やぶへび》」とかいうが、四字熟語では「**打草驚蛇**《だそうきょうだ》」（草を打って蛇を驚かす）という。ただ、四字熟語の原義と「藪蛇」とでは、意味がかなり違っている。

唐の段成式《だんせいしき》の著した『酉陽雑俎《ゆうようざつそ》』に、次のような記事が見える。

当塗《とうと》という町の地方官をしていた王魯《おうろ》は、日ごろから自分の資産を増やすことに熱心だった。あるとき、住民たちが王魯のもとにやってきて、彼の秘書が賄賂を執拗に要求して困っていると訴えた。王魯はそのとき、はっと、わが身が思い合わされ、住民に善処を約束して言った。

「汝《なんじ》、草を打つと雖《いえど》も、吾、已《すで》に蛇を驚かす」

（お前たちが打ったのは草だが、私は、草中にひそんでいた蛇のように驚いたよ）

つまり、王魯は、部下の悪行を住民から訴えられたことで、自分の所業の醜さに気づかされたわけだ。ここから、あるものが懲罰を受けることで、それに関わった他のものが恐れ慌てるという意の、「打草驚蛇」という熟語ができた。

この四字熟語の意味は、王魯自身をたとえているヘビの側に立ったものであるが、「藪蛇」の場合は、藪をつついた人間の側の災難をいうもので、一つの出来事でも両方向の見方があるということを示す例といえよう。

目からウロコ

何かがきっかけで、急に物事の真相がわかるようになることを、「目から鱗が落ちる」（『新約聖書』使徒行伝）というが、この場合の鱗はヘビのそれだという（岩波ことわざ辞典）。

魚やヘビには目にも鱗があるが、魚が泳いでいるとき、コンタクトレンズを落とすみたいに鱗を落とすといった話は聞いたことがない。そうすると、やはり目から鱗を落とすのはヘビの方に違いない。ヘビは脱皮するとき、身にまとっていた一切のものを落として生まれ変わるのである。

そのヘビの鱗にまつわる四字熟語に、『荘子』斉物論篇から出た「**蛇《だ》蚹《ふ》蜩《ちょう》翼《よく》**」というのがある。

「蛇蚹」は、ヘビの下腹部にある鱗のこと。「蜩」は、セミの一種のヒグラシのこと。

ヘビは下腹部の鱗で動き、鱗もヘビの下腹部にあってはじめてその役割を発揮できる。また、ヒグラシは羽で飛び、羽もヒグラシに付いていてはじめてその存在意義がある。これらの、ヘビと鱗、ヒグラシと羽のように、互いに持ちつ持たれつの関係にあるものをたとえていう。

ただ、典拠である『荘子』では、ヘビと鱗、ヒグラシと羽は、それぞれ相手との関係を否定し、動いたり飛んだりできるのは、あくまでも自分の力による、と主張する寓話になっている。そして、こういう態度は、相互依存の関係にある社会のなかで自己は相対的な存在でしかないということをわきまえない、愚かな態度であると批判している。

この寓話は現代にも十分通用するもので、自己主張の強い人にとっては心すべき教訓と言えよう。

さて、ヘビにまつわる四字熟語をいろいろ見てきたが、前の章で見た、形の似通っている「竜」に比べて、四字熟語に登場するヘビは格段に印象が悪い、というのが正直な感想である。同じ得体の知れなさでも、想像上の生き物である竜は、天子や権威者にたとえられるが、実在するヘビは、海のものとも山のものとも見当がつかないがために、気味悪がられ、たとえられる場合でも、「**牛鬼蛇神**《ぎゅうきだしん》」のように、たいてい忌まわしいものに役どころがめぐってくる。

この熟語は、唐の杜牧《とぼく》「李賀《りが》集序」に見える語で、牛首の鬼《き》と、蛇身の神《しん》、つまり頭部が牛で、体がヘビの形をした妖怪変化《ようかいへんげ》のことをいう。「鬼神」は化け物一般を意味する。もともと奇をてららった荒唐《こうとう》無稽《むけい》な文章をたとえていった語であったが、転じて、容貌の醜いものや、心のよこしまな悪人をたとえていうようになった。

ところで、わが国では、「**海千山千**《うみせんやません》」（海に千年、山に千年、の略）などといって、海に千年、山に千年棲みついたヘビは竜になるという俗信があるが、なかなかどうして、アスナロの木が、あすはヒノキになろうと思っても、旧態依然としてアスナロでしかないように、ヘビもまた、竜に昇格する日は百年河清《ひゃくねんかせい》を俟《ま》つごとく永遠に来そうにない。

なお、「海千山千」は、長い年月にわたってさまざまな経験を積み、世の中の裏も表も知り尽くして、ずる賢いことをたとえていう。

午・ウマ・馬

ウマが地球上に現われたのはかなり古く、約五千万年前の地層から化石が発見されている。ただ、初期のウマは今と違って体が小さく、ほぼキツネの大きさほどしかなかった。食べ物も草ではなく木の葉で、したがって草原ではなく森林に棲んでいた。その後、長い時間をかけて今のような大きさになり、食べ物も木の葉から草へと変わってきたのである。

ウマは恐怖心が強く、自己防衛のための感覚器官がよく発達している。たとえば、顔の側面にある目は広い視野をカバーでき、周囲の状況を把握するのに便利である。また、顔を長くしているおおもとである長い鼻腔《びこう》からもわかるように、嗅覚が鋭く、食べ物の良否や自分のいる場所、さらには人物まで、その臭いで判別できるという。聴覚もよく発達していて、アンテナみたいに頭上にピンと立てた大きな耳は、かなり微弱な音や遠隔の音までちゃんと聞き取れるというのだからすごい。

季節には無関心?

いま述べたように、ウマは、視覚、嗅覚、聴覚のいずれにおいても、高度の機能を備えているのであるが、季節を肌で感じ取る感覚、すなわち触覚についてはそれほどでもない、という考えから生まれた熟語に、「**馬耳東風**《ばじとうふう》」がある。

これは、東風すなわち春風が、ウマの耳朶《じだ》に心地よく吹いてきても、ウマは春を予感することもなく、何の興味も示さないという意で、人の意見などを心に留めず聞き流すことをたとえていう。

李白の「王十二の『寒夜独酌《どくしゃく》、懐《おも》い有り』に答う」と題する長編の詩の一節に、

きみは北向きの窓のある部屋で、詩を吟じ賦を作っているが
一万言を費やしたとて、のどを潤す一杯の水ほどの値打ちもない
世人はその詩句を耳にしても、わからないというように皆頭を横に振っている

東風の馬耳を射るがごとき有り

（それはちょうど、東からの風がウマの耳に吹いてきても、ウマには春の到来がわからないのと同じようなものだ）

とあるのによる。

人間には喜ばしい東風も、ウマにとっては所詮どこ吹く風でしかない、というのであるが、しかし、ウマが季節を感じ取っていないなどと思うのは、われわれ人間の勝手な思い込みかもしれず、本当はそのアンテナみたいな耳の先端で、いちはやく春の到来をキャッチしているのではなかろうか。

これと同義の熟語に、「**対牛弾琴**《たいぎゅうだんきん》」（三〇ページ参照）がある。また、わが国のことわざでは、「暖簾《のれん》に腕押し、糠《ぬか》に釘」や、「馬の耳に念仏」、「猫に小判」、「豚に真珠」などがある。

楽あれば苦あり

私は大学入試に失敗した受験生相手の予備校の講師をしているので、最初の講義の時間に、よく「**塞翁之馬**《さいおうのうま》」の話をする。

「塞翁」とは、中国北方の塞《とりで》の近くに住んでいた老人のことで、その老人のウマがいなくなったことがきっかけで、次々といろんな出来事が起こる。『淮南子《えなんじ》』人間訓に、次のような話が見える。

国境の塞の近くに、占いの上手な老人が住んでいた。あるとき、その老人のウマがどこかへ逃げてしまった。隣人がお悔やみを言うと、老人は、これは良いことの前兆だといって一向に気にするふうでもない。

数か月後、逃げたウマが、数頭の駿馬を引き連れて帰ってきた。隣人が老人にお祝いを述べると、老人は、これは良くないことが起こる前兆だと言って、浮かぬ顔をしている。

良馬が増えた老人の家では、老人の息子がウマの調教に余念がなかったが、あるとき、その息子がウマから落ちて足の骨を折ってしまった。隣人がお悔やみを言うと、老人は、これは良いことの前兆だといって、平気な顔をしている。

一年後、異民族が大挙して国境を越えて攻め込んできた。村の成年男子は戦場に駆り出され、九割がた戦死したが、足を折った息子は戦場に行かずにすみ、老人ともども命を長らえたという。

この寓話から、人生の吉凶《きっきょう》・禍福《かふく》は変転極まりないもので、何が幸になり、何が不幸になるか見定めがたいことを意味する「塞翁之馬」という熟語ができた。「**塞翁失馬**《さいおうしつば》」（塞翁、馬を失う）ともいう。

なお、この「塞翁之馬」は、「人間万事《じんかんばんじ》塞翁《さいおう》が馬《うま》」を略した表現で、元《げん》の熙晦機《きかいき》という僧が、この寓話を典拠として詠んだ詩句、

人間万事塞翁が馬
推枕軒中《すいちんけんちゅう》雨を聴いて眠る

（この世はすべて塞翁が馬で、先のことなどわからない。枕を押しやったぶざまな格好で雨だれの音を聴きながら、家で眠ることにしよう）

に由来する。「人間」は、世間・世の中という意味で、「ヒト」のことではないので、「人間《じんかん》万事」と読むのが正しい。

類義語に、『史記』南越伝賛から出た「**禍福糾纆**《かふくきゅうぼく》」（禍福《かふく》は糾《あざな》える纆《なわ》の如し、の略）や、『老子』五十八章の「禍は福の倚《よ》るところ、福は禍の伏すところなり」という言葉を熟語にした「**禍福倚**《かふくい》**伏**《ふく》」、さらには、『列子』説符篇から出た成句の「黒牛白犢《こくぎゅうはくとく》を生む」（拙著『漢文こばなし集』を参照）などがある。わが国の「楽あれば苦あり」、「楽は苦の種、苦は楽の種」なども同じ趣旨であ

る。

さて、この塞翁が馬の話を聴いた予備校生が、受験の失敗を、禍福の縒《よ》り合わさった長縄のほんの一縒りに過ぎないと受けとめられたかどうか……。

ほんとうは怖い〝馬肥える秋〟

秋の突き抜けるような青空を見上げていると、「天高く馬肥ゆる秋」という言葉がピッタリくる。これは、秋空が高く澄みわたり、ウマも食欲が出て肥えるという意味で、四字熟語では「**秋高馬肥**《しゅうこうばひ》」（秋高く馬肥ゆ）という。わが国では、さわやかな秋の季節を形容する言葉としてよく知られているが、実は、もともと中国の人々にとってあまり喜ばしい言葉ではなかった。

『漢書』趙充国《ちょうじゅうこく》伝に、次のような記述がある。

秋に到れば馬肥ゆ、変必ず起こらん。

（秋になり北方の異民族のウマが肥えてくると、きっと越境して攻め込んでくるだろう）

つまり、「馬肥ゆ」の原義は、家畜のウマが肥えてよかった、などという暢気《のんき》なものではなく、北方の異民族の軍馬が肥えて力がみなぎり、国境を越えて攻めてくることへの警戒感・緊張感をはらんだ表現だったのだ。
北方の異民族は昔から繰り返し中国に侵入してきたが、その時期はたいてい厳しい冬を控えた秋だった。中国で穀物の収穫が終わった頃を見計らって襲ってきたのである。だから、中国の人々にしてみれば、秋は実りの季節であると同時に、敵騎襲来の時期でもあったのである。

北方の異民族にとって機動力に富んだウマは、遊牧生活を行っていく上で必要不可欠なものだった。それでウマを非常に大事にして、家族同然に扱った。ウマの方でも、自分を大事にしてくれる北の風土というものが肌身に染み付いているのか、「**胡馬《こば》北風《ほくふう》**」という語がある。

「胡」は、中国北方の異民族が住む地のことで、北方の胡に産したウマは、北風が吹くとそれに身を寄せて懐かしむという。そこから、故郷を切に恋い慕う心

情をたとえていう。

漢代の作と伝えられる古詩十九首・其一（『文選』所収）に、

胡馬は北風に依《よ》り
越鳥《えっちょう》は南枝《なんし》に巣《す》くう

（北方の胡の地に生まれた馬は北風に身を寄せ、南方の越の地に生まれた鳥は南側の枝に巣を作る）


とあるのによる。

なお、後半の詩句から、同じ望郷の念を表す「**越鳥南枝**《えっちょうなんし》」という語ができた。

なにも北方の胡地に限ったことではなく、中国の華北一帯は雨の少ない山岳・平原の地なので、ウマが主要な交通手段として重宝がられた。それで、川や運河が多いために船がよく用いられた華南の地と対比させて、「**南船北馬**《なんせんほくば》」という。

この語は、単に交通手段を表すだけでなく、置かれた立場に応じて、それぞれふさわしい方法や手段がある、という抽象的な意味も表すが、今では転じて、全国各地に忙しく出かけることをたとえていう。

年の功

「枯れ木も山の賑わい」ということわざがある。価値のないものでも、ないよりはましという意味だが、ふだん価値がないと思われていたものが、ある局面で、俄かに光芒《こうぼう》を放つということがある。

『韓非子』説林・上に次のような話が見える。

春秋時代、斉の桓公《かんこう》が孤竹国《こちくこく》を討伐したとき、春に出陣して冬に帰ってきたので、周囲の景色が一変していて、路に迷ってしまった。そのとき、君主に付き従っていた重臣の管仲《かんちゅう》が、

「老馬の知恵が役に立ちます」

と言うので、家来に老馬を放させ、その後からついていくと、はたして道が見つかった。

その老馬は、人間にはわからなかった正確なルートを、その長年の経験によって覚えていたのである。ここから、豊かな経験がもたらす優れた知恵のことを、「**老馬之智**《ろうばのち》」という。

また、管仲が経験豊かな馬に従うことを勧めたことから、先人の経験を尊重することを、「**管仲**《かんちゅう》**随馬**《ずいば》」（管仲、馬に随う）という。この語はまた、賢い管仲でも老馬に従ったという点をとらえて、

人にはそれぞれ得手不得手があることをたとえていう場合もある。

孔子はケチだった?

人間の生活レベルは、食べるものと着るものを見れば、だいたい察しがつく。「粗衣粗食《そいそしょく》」といえば、貧しい暮らしのことだし、「暖衣飽食《だんいほうしょく》」といえば、豊かな暮らしを意味する。昨今のわが国は「飽食日本」などといわれ、世界的にも裕福な国だと思われているらしいが、内実がそれに見合っているかどうかは、自分の生活を顧みるとはなはだ疑わしい。

それはさておき、『論語』雍也《ようや》篇に次のような話が見える。

孔子の門人の公西赤《こうせいせき》が、孔子の用事で斉に使いに出かけた。同じ門人の冉求《ぜんきゅう》が、その留守宅の母親のために米を支給して欲しいと孔子に願い出た。冉求は一門の出納係のようなことをしていたようだ。

そこで、孔子が釜《ふ》の分量(約十二リットル)だけあげるように言うと、それでは少なすぎますと冉求が言う。それなら庾《ゆ》の分量(約三十リットル)に増やしてやろうと孔子が言い直すと、冉求はそのまま引き下がったが、独断で五秉《へい》(約千五百リットル)の米を公西赤の留守宅に届けた。

結局、冉求は最初の孔子の言いつけの百二十五倍もの米を、公西赤の留守宅に持って行ったことになる。気前のいい冉求に比べて、このやり取りからうかがわれる孔子は、いかにもケチな人間のように見える。聖人と言われる孔子が、どうしてこのような出し惜しみをしたのであろうか。『論語』は次のように続けている。

あとで冉求の処置を聞いた孔子が言った。
「赤《せき》が斉に出かけたときは、

肥馬《ひば》に乗り、軽裘《けいきゅう》を衣《き》たり。

（立派な馬に乗って、軽やかな毛皮を着ていた）
私の認識では、君子は生活に困っているものに対する援助を惜しみはしないが、裕福なものにさらに継ぎ足してやることはしないものだ」

この故事から、富貴《ふうき》な人の外出時のいでたちを、「軽裘肥馬《けいきゅうひば》」または「肥馬軽裘」という。また、ぜいたくな生活や、富貴な人そのものを意味することもある。「裘」は、今で言う毛皮のコートのことで、当時は金持ちしか手にすることができなかった。

そういう高価な服を着て出かけた赤に、孔子は援助する必要を感じなかったのであり、決して物惜しみしたわけではなかったのである。

類義語に、『北史』常景伝から出た「錦衣玉食《きんいぎょくしょく》」がある。「錦衣」は、錦で作った立派な衣服、「玉食」は、ごちそうのことで、ぜいたくな生活をたとえていう。

バカの語源は?

中国の歴代皇帝の中で最も名前が知られているのは、おそらく、戦国時代を収攬《しゅうらん》して天下を統一した、秦の始皇帝であろう。その名の通り、初めて「皇帝」という称号を用いたが、これは、古代の聖王といわれる三皇五帝の「皇」と「帝」の両方をとって作った名称で、彼の相当な自負がうかがえる。近年、多数の兵馬俑《よう》が出土したその陵墓は、今では観光名所となっている。

『史記』の秦始皇本紀によると、紀元前二二一年に中国を統一した秦の始皇帝は、十一年後の紀元前二一〇年、宮殿ではなく地方巡幸の旅先でその五十年の生涯を閉じた。

始皇帝は死ぬ直前に、長男の扶蘇《ふそ》を後継者とする詔書を宦官《かんがん》の趙高《ちょうこう》に託したが、趙高は始皇帝が死ぬと、丞相《じょうしょう》の李斯《りし》と共謀して偽《にせ》の詔書を作り、扶蘇を自殺に追いやり、次男の胡亥《こがい》を皇帝の位につかせることに成功した。利発な扶蘇より、暗愚な胡亥の方が思い通りになると考えたのである。

その後、趙高は権勢の拡大をはかり、李斯を殺して自ら丞相におさまり、ついには帝位の簒奪をもくろむようになった。

『史記』に、趙高の権勢を示す次のような出来事が記されている。

ある日、趙高が、

「ウマでございます」

と言いながら、二世皇帝にシカを献上した。皇帝は笑って、

「丞相《じょうしょう》誤れるか。鹿を謂《い》いて馬と為す」

（丞相は何を血迷ったか、シカのことをウマと言っているぞ）

と左右の者に問いただしたところ、ある者は沈黙し、ある者はウマですと答えて趙高におもねり、またある者は正しくシカですと答えた。

趙高は後で、自分に逆らってシカだと答えた者を処刑したので、群臣たちは皆彼を恐れたという。

この故事から、人を欺き愚弄する意の「**指鹿為馬**《しろくいば》」（鹿を指《ゆび》さして馬と為す）という熟語ができた。これはまた、間違ったことを強引に押し通すたとえでもある。

なお、シカをウマと見なすことはいかにも愚かなことなので、「バカ」の語源をこの故事に求める向きもある。ただ、多くの辞書は、梵語《ぼんご》の「痴」を意味するmoha（慕何《ぼか》）、あるいは「無知」を意味するmahallaka（摩訶羅《まから》）に求めていて、わが国で「バカ」を「馬鹿」と表記するのは単なる当て字に過ぎないとする。いずれの説が正しいのか、いまここで即断することはできない。

ウマは脚力が命

自給自足の世界に住んでいる場合は別として、そうでない限り、われわれが生活していくためにはどうしても輸送手段、交通手段が必要である。しかも、それは速ければ速いほどよい。

考えてみれば人類の歴史は、そういう運輸・交通手段のスピード化の追求であったといっても過言ではない。今ではそれが自動車や新幹線、あるいは飛行機という形で実現しているわけだが、これらの機械が発明される以前は、もっぱらウマがその役割を担っていた。

つまり、ウマは駆けるのが速ければ速いほどよいウマだったのである。脚の速いウマを駿馬《しゅんめ》というが、とくに一日に千里の距離を駆け抜けるすぐれたウマを「驥《き》」という。そこで、こんどは「驥」を含む熟語をいくつか取り上げてみよう。

まず、『荘子』盗跖《とうせき》篇に、孔子が大盗賊の盗跖を叱責する話がある。もちろんフィクションだが、当時人々を苦しめていた盗跖に悪行をやめるよう説得したところ、逆に盗跖からさんざん言い返されたという。その盗跖の抗弁のなかに、次のような言葉が見える。

天地の大自然は尽きる時がないが、人間の死は必ずやって来る。人間が無限の大自然のなかに有限なその身を寄せているのは、忽然《こつぜん》とした瞬時のことで、

騏驥《きき》の馳《は》せて隙《げき》を過ぐるに異なる無きなり。

（駿馬が戸の隙間を通過するのと同じようなものだ）

ここから、人生があっという間に過ぎ去ることを、「**騏驥過隙**《ききかげき》」（騏驥、隙《げき》を過ぐ）という。「騏驥」は青黒い毛色をした千里馬のこと。人生の短さを、疾駆する驥にたとえていったものだが、「驥が戸の隙間を通過する」という表現はわかりにくいので説明しよう。

これは、驥が戸の隙間をスルリと通り抜けるということではなく、戸の隙間ほどしかない短い距離を、脚の速い驥がさっと駆け抜けることをいう。つまり、距離の短さに、さらに速度の速さが加わって、きわめて短時間の出来事であることを印象づける表現なのである。

同じ『荘子』の知北遊篇に見える「**白駒過隙**《はっくかげき》」も同じ趣旨の熟語で、こちらは老子が孔子に無為自然の道を説く言葉のなかに出てくる。「白駒」は、白毛の二歳馬をいう。

ところで、驥は一日に千里も行くが、それならその尻尾にくっついたハエも、労せずして千里のかなたまで行けることになる。「**蒼蠅驥尾**《そうようきび》」（「蒼蠅」は、青バエのこと）は、そういう状況を表現したもので、愚かな者でも、すぐれた人についていけば、何かを成し遂げることができるということをたとえていう。『史記』伯夷《はくい》伝・索隠《さくいん》に、

蒼蠅、驥尾に附して千里を致す。

（蒼蠅は、驥の尻尾にとまって千里のかなたまで行く）

とあり、ふつう、優れた人の業績を見習って何かをするという意味で、「驥尾に附す」という。

驥にまつわる熟語では、ほかに、『新唐書』徐浩《じょこう》伝から出た「**渇驥奔泉**《かっきほんせん》」（渇驥、泉に奔《はし》る）という語がある。のどの渇いた驥が、泉に向かって疾走する意から、勢いの激しいこと。また、書の筆勢の雄渾《ゆうこん》なさまをいう。

もう一つ、『漢書』梅福《ばいふく》伝から出た「**按図索驥**《あんずさくき》」（図を按じて驥《き》を索《もと》む）という語がある。「按」は、調べる、参考にする意で、ウマの画を参考にして駿馬を探し求めようとする意から、

やり方が現実的でないことをいう。また、既定の方法にこだわって融通のきかないたとえでもある。これは「**案図索駿**《あんずさくしゅん》」ともいう。

埋もれた才能

驥は馬の中でもとりわけ脚力が優れているわけだが、その優れた能力を発揮できる機会に恵まれず、くすぶっている驥もなかにはいる。「**牛驥同皁**《ぎゅうきどうそう》」は、そのような驥のことをいうが、「ウシ」の章ですでに取り上げたので（四一ページ）、詳しい説明は割愛する。

これと似た意味の熟語に「**老驥伏櫪**《ろうきふくれき》」（老驥、櫪《れき》に伏《ふ》す）がある。「櫪」はクヌギの木のことで、クヌギが馬屋の床板を支える横木として用いられたことから、馬小屋を指す。年老いた驥が馬小屋に伏しているという意で、才能のある者が本領を発揮できないまま老いてしまうことをたとえていう。

ただ、出典である曹操の「歩出夏門行《ほしゅつかもんこう》」と題する詩には、

老驥、櫪に伏するも、志は千里に在り。

（老いた驥が馬小屋に伏してはいるが、その志は、まだ千里のかなたに向かっている）

とあるところから、英雄は老いてもなお大志を失わないたとえでもある。

能力を発揮できずにいる驥については、次のような寓話も、『戦国策』楚策に見える。


壮齢に達して今が旬《しゅん》の驥が、あろうことか塩を積んだ車を引かされ、太行山《たいこうざん》（今の河北省から河南省にかけて連なる山脈）を登っていた。膝は曲がり、尾は垂れ、汗だくになりながら登っていたが、とうとう坂の途中で立ち往生してしまった。

そこへ、たまたま伯楽《はくらく》（名馬の鑑定人）が通りかかり、驥の哀れな姿を見て涙を流し、自分の衣服を脱いで、その驥に掛けてやった。すると驥は、自分の真価を認めてくれる人が現れたのがうれしく、金や石で作った楽器の音色のように美しい声で鳴いたという。


この寓話から、才能のある者が認められず、不本意な仕事に従事することを、「**驥服塩車**《きふくえんしゃ》」（驥、塩車に服す）という。

この寓話は、戦国時代の遊説家汗明《かんめい》が、楚の宰相の春申君《しゅんしんくん》に、いまだ適所を得ていない自分を登用してくれるように売り込んだときに話したもので、これが功を奏して、汗明はみごと楚に仕官がかなった。

駿馬を見分ける男

伯楽が出てきたところで、名馬の鑑定人である伯楽にまつわる熟語を見てみよう。

「伯楽」という呼称は、もとは天馬（天帝の乗るウマ）をつかさどる星の名であったが、春秋時代の秦の孫陽《そんよう》が馬の良否をよく見分けたので、彼のことを伯楽と呼ぶようになったといわれている。

まず、『戦国策』燕策《えんさく》に、次のような話が見える。

ある人が駿馬を市場に出したが、三日たっても買い手が付かなかった。そこで伯楽に、市場で自分の馬の周《まわ》りをぐるりと見て回り、立ち去りながら未練がましくもう一度振り返って見てくれるように頼んだ。伯楽が言われたとおりにしてやると、あの伯楽が振り返って見た馬だということで、途端にその馬の値が十倍にはね上がったという。

この寓話から、賢者が名君・賢相にその才能を認められて重用されることを「**伯楽一顧**《はくらくいっこ》」という。

この寓話は、戦国時代の遊説家蘇代《そだい》が、斉王になかなか面会できずにいたとき、斉王の信任の厚い淳于髠《じゅんうこん》に後押ししてもらおうと話したもので、淳于髠が蘇代の意を汲んで、斉王にうまくとりなしてやったところ、めでたく王に面会することができたという。
さきほどの汗明の故事とまさに同工異曲の話で、『戦国策』には、このように同趣旨の話が多い。もうひとつ、伯楽にまつわる次のような話が『列子』説符篇に見える。

秦の穆公《ぼくこう》が、老齢の伯楽に代わる名馬の鑑定人の紹介を彼自身に依頼した。そこで伯楽は九方皐《きゅうほうこう》という人物を推薦した。穆公はほかならぬ伯楽の推薦なので、すぐさま九方皐を採用し、さっそく名馬を探してくるように命じた。

三ヵ月後、帰ってきた九方皐が、黄色の牝馬《ひんば》を見つけたと王に報告してきた。王がさっそく人を遣わしてその名馬を調べさせてみると、なんと驪《り》（黒馬）の牡馬《ぼば》ということだった。

怒った穆公が、九方皐を紹介した伯楽に、あの男は馬の毛色の違いや雌雄の別さえわからないと不満をぶつけると、伯楽は、馬を見分けるには、馬に自然に備わっている素質をこそ見るべきで、色や性別といった外的条件に惑わされるべきでないと説いた。

いよいよその馬が到着してみると、やはり九方皐の見立てどおり、天下の名馬であったという。

この故事から、物事を判断するときは外見にとらわれず、その本質を見抜くことが大切であることを意味する、「牝牡驪黄《ひんぼりこう》」という熟語ができた。

伯楽は駿馬を見分ける名人であることから、賢人を見抜く鑑識眼を持った名君や賢相によくたとえられる。たとえば、韓愈《かんゆ》の「雑説《ざつせつ》」という文章に見える、

千里の馬は常に有れども、伯楽は常には有らず。

（一日に千里走る駿馬はいつもいるけれども、それを見分けられる伯楽はいつもいるとは限らない）

という言葉は、その代表的なもので、才能があっても、それを見出して用いてくれる為政者がいないことを嘆いた言葉としてよく知られている。

イヤミな幼友達

幼い頃、竹馬に乗って一緒に遊んだ友達のことを、「竹馬之友《ちくばのとも》」と呼ぶのは誰しも知っているが、さて、実際に竹馬に乗って遊んだ人はどれくらいいるだろうか。相当年配の人ならいざ知らず、今の若い人にはそういないはずだ。

もっとも、今では学校の体育で竹馬を取り入れているところもあるので、それで体験した人もい

るかもしれない。そういう人にとって「竹馬之友」は、さしずめ学校友達といったところか。

竹馬は消えつつあるのに、「竹馬之友」は死語にならず、今でも幼友達をたとえる語として大いに使われている。いくら子供の遊びが変わったからといって、幼友達のことを、「缶蹴りの友」とか、「野球の友」とは決して言わないところがおもしろい。

実態としてはもはや過去のことだけれども、言葉としてはまだ命脈を保っているという例は、ことわざや成句、熟語では枚挙にいとまがない。無事であることを意味する「つつがなし」や、一つ一つ丹念に処理していく「しらみつぶし」などはその例である。実態からあまりかけ離れすぎると消えていく場合もあるが、この「竹馬之友」は、今でも頑固に生き続けている言葉の一つである。

ところで、この「竹馬之友」の故事というと、この

語の意味からして、どうしても、ほのぼのとした心温まる出来事を連想してしまうが、実はそれとは逆で、むしろとげとげしく、傲慢な態度さえうかがわれるような話がもとになっている。

『晋書』殷浩《いんこう》伝に、次のような話が見える。

晋の桓温《かんおん》と殷浩は、若い頃から等しく名声があったが、桓温は自分がいっぱしの豪傑であると自負し、殷浩を軽んじるようすがあった。しかし、殷浩は心の中でいつも桓温に対してライバル心を燃やしていて、いっこうに気後れするふうでもなかった。

日ごろ、桓温は殷浩が自分と同等に評価されることにいらだちを感じていたが、あるとき、その不満を人に漏らして言った。

「幼い頃、私と殷浩は一緒に竹馬に乗って遊んだが、私が捨てれば彼が拾って乗るといったぐあいで、いつも私が先で彼が後だった。だから彼は私より劣るはずだよ」

子供の頃の優劣が大人になってからも通用すると思っているところが能天気であるが、優劣の根拠とした竹馬遊びでの主導権争いにしても、桓温が単にわがまま勝手な少年だったからに過ぎない。

いずれにしろ、ふだんこの語に抱いているノスタルジックなイメージと、語源になっているこの故事から受けるイヤな感じとが、大きくかけ離れていることに驚かされる。

なお、中国の竹馬は、竹の棒をウマに見立てて前方にたてがみをつけ、またがって後ろを地面に引きながら走り回る遊びをいうのだそうだ。

戦争とウマ

昔の戦争では、ウマは、戦場まで人と物資を運ぶ動力として重宝であったばかりでなく、戦闘現場でも、騎馬隊や戦車（戦う兵士を乗せた馬車）隊の命運を左右するほどの重要な役割を担っていた。それで、当然のことながら、戦争に関連したウマの四字熟語も多い。

まず、『韓非子』五蠹《ごと》篇から出た「**汗馬之労**《かんばのろう》」という熟語がある。これは、文字通り、馬に汗をかかせるほどのたいへんな労苦をいい、そこから、戦場における騎馬戦であげた功績をたとえていう。

なお、この語は『戦国策』楚策にも見え、それを典拠とする場合は、物資を遠方に運搬する労苦を意味する。

次に、杜甫の詩「前出塞《ぜんしゅっさい》」から出た「**射将先馬**《しゃしょうせんば》」（将を射んとせば、馬を先にせよ）という熟語がある。これは、「将を射んと欲すれば、先ず馬を射よ」の略で、大きなものを攻撃したり、手に入れようとしたりするときは、その拠り所となっているものから狙えという意味である。なお、杜甫の詩句は正確には、「人を射んとせば、先ず馬を射よ」である。

強い兵士をたとえた語では、唐の汪遵《おうじゅん》の詩「烏江《うこう》」から出た「**単槍匹馬**《たんそうひっぱ》」がある。「単槍」は一本の槍、「匹馬」は一頭の馬の意で、槍だけ持って、単騎で敵陣に乗り込んでいく意から、誰の力も借りずに単独で行動することをたとえていう。

また、晋の干宝《かんぽう》撰『捜神記《そうしんき》』から出た「**兵強馬壮**《へいきょうばそう》」（兵強くして馬壮《さか》んなり）も、読んで字のごとく、兵士が強く、馬も元気であることをいう。

戦争のことを扱った文章でよく見かける「**千軍万馬**《せんぐんばんば》」は、多くの軍隊や馬のことをいうが、そこから、多くの戦場を経めぐり、戦争経験の豊かなことをたとえていう。また、軍事的な意味合いから離れて、一般に、経験豊かで場馴れしていることをもいう。類義語に「**百戦錬磨**」「**海千山千**《うみせんやません》」（一二九ページ参照）などがある。

車とウマ

昔はウマを動力源として用いたが、ウマに直接乗ることはあまりなく、ふつうはウマに牽かせた馬車に乗った。そこで、こんどは、馬車に関連したウマの四字熟語を見てみよう。

天下を取った人物に、最初にしたいことは何かというアンケートをとったら、きっとトップに上がりそうなのが、『春秋左氏伝』昭公十二年から出た「**車轍馬跡**《しゃてつばせき》」である。「車轍」は、車のわだちをいい、「馬跡」は、ウマの足あとのこと。周の穆王《ぼく》が、全国を馬車で巡行して自分の足跡を残そうとした故事から、為政者が全国を視察して回ることをたとえていう。

権力を掌握した者が、全国津々浦々に自分の威光を顕示したいと思うのは、無理からぬことであろう。秦の始皇帝が全国を巡幸中に亡くなったのは、先に述べた通りである。

次に、今で言うなら、さしずめ動物虐待といった観のある語に、『史記』灌夫《かんぷ》伝から出た「**轅下**《えんか》**之駒**《のこま》」という熟語がある。「轅」は、馬車のながえのことで、「駒」は、若い二歳馬のこと。まだ車を引く力のない未熟なウマが、ながえの下に繋がれていることから、無理なことを強いられて苦しむたとえ。また、人から束縛されて自由が利かないたとえでもある。

交通法規を守らない暴走族の兄ちゃんが、もしウマだったら、こんなふうだろうと思わせる語に、『漢書』武帝本紀から出た「**泛駕之馬**《ほうがのうま》」がある。「泛」は、くつがえす意で、「駕」は、ウマに牽かせる乗り物、すなわち馬車のこと。牽いている馬車をひっくり返してしまうほど、荒々しい走りをするウマのことをいう。そこから、常軌に従わない英雄・豪傑をたとえていう。

交通量の多い現代の大都会のメイン・ストリートを思わせる語に、『後漢書』明徳馬皇后《めいとくまこうごう》本紀から出た「**車水馬竜**《しゃすいばりゅう》」（車は流水のごとく、馬は游竜《ゆうりゅう》のごとし、の略）という熟語がある。車が流れる水のように途切れることなく往来し、ウマが天を翔る竜のように躍動しているさまをいう。そこから、車馬の往来のにぎわしさをたとえていう。

さて、わが国では、救急車は白塗り、霊柩車は黒塗りと相場が決まっている。もし黒塗りの救急車や、白塗りの霊柩車が走るようなことでもあれば、顰蹙《ひんしゅく》を買うのは目に見えている。

ところが、中国ではわが国と逆で、葬儀関連のものはすべて白色でなければならない。たとえば、『史記』高祖本紀から出た「**素車白馬**《そしゃはくば》」は、喪のとき、彩色しない白木造りの車（素車）を、白馬に牽かせることをいうが、これは、今で言えば、さしずめ白塗りの霊柩車といったところか。

西域の名馬

中国西方のタリム盆地周辺には、古来、オアシスごとに都市国家が形成され、そこから中央アジアにかけて、いわゆるシルクロードが発達していた。この地は一般に「西域」と呼ばれ、東西交流の要衝であるとともに、名馬の産地でもあった。

漢代の中央アジアに大宛《だいえん》という国があり、そこのウマに関する次のような記事が、『史記』大宛伝に見える。

善馬多く、馬、血を汗《あせ》す。その先《せん》は天馬の子というなり。

（〔大宛国には〕良馬が多く、そこのウマは走ると血の汗を流すという。その先祖は天馬の子であるということだ）

血の汗を流す良馬を「汗血馬《かんけつば》」というが、大宛国の産するウマはそれだといい。また、「汗血馬」は、「天馬」の子であるという。

その「天馬」に関連した熟語に、「**天馬行空**《てんばこうくう》」（天馬、空《くう》を行く）がある。明の劉廷振《りゅうていしん》の「薩天錫《さつてんしゃく》詩集序」から出た語で、天馬が自在に天空を駆けめぐる意から、考え方や行動が自由奔放であるさまをいう。また、文章や書の筆勢が奔放ですぐれているさまをたとえていう。類義語に「**不羈奔放**《ふきほんぽう》」がある。

同じ中央アジアの亀茲《きじ》国に関する記事が、『漢書』西域伝にある。亀茲国は、今の新疆《しんきょう》ウイグル自治区庫車《くちゃ》地方にあった国で、前漢のとき、その国の王が長安に滞在して以来、宮中の儀式や生活様式など、すべてにわたって漢の制度を取り入れたので、西域の人々から、

驢《ろ》にして驢に非ず、馬にして馬に非ず。亀茲王のごときは、所謂《いわゆる》、鸁《ら》なり。

（ロバのようでロバでない、ウマのようでウマでない。亀茲王のような人は、いわゆるラバだ）

と、その主体性のなさをそしられたという。ラバは、メスのウマとオスのロバとを掛け合わせたも

ので、ウマよりやや小ぶりの動物をいう。

この故事から、どっちつかずであること、あるいは、区別がつかず得体の知れないことを、「**非**《ひ》**驢非馬**《ろひば》」（驢に非ず、馬に非ず）という。

ロバは、またの名をウサギウマともいい、耳が長く、ウマより小さい。当然、ウマに比べて体力的に劣るので、たとえに引用されるときも、ウマより劣ったものとして登場する。

能力的に劣るもののたとえとしては、ロバを持ち出すまでもなく、同じウマのなかに、「駄馬」とか「駑馬《どば》」とか呼ばれてさげすまれるウマがいる。その駑馬に関する熟語を一つ挙げよう。

戦国時代の思想書『荀子《じゅんし》』修身篇に、

夫《か》の驥は一日にして千里なるも、駑馬《どば》も十駕《じゅうが》すれば、則《すなわ》ち亦之《またこれ》に及ぶ。

（北方の異民族の地に産する驥は一日に千里走るが、駑馬〔歩みののろい馬〕も十日かけて行けば、驥と同じだけ進める）

とあり、ここから「**駑馬十駕**《どばじゅうが》」という熟語ができた。「十駕」は、馬が車を牽いて進む十日分の行程をいう。才能の乏しい者（駑馬）でも、努力を怠らなければ、才能豊かな者（驥）と同じ実績を上げることができるというたとえである。

「ウサギとカメ」の競争でカメが勝ったように、駑馬でも力を侮ってはいけないということ。また、ありふれた言い方ではあるが、「努力に勝る天才なし」ということわざに近い。

ウマでドライブ

高校生の頃、定期試験が済むと、その解放感をひそかに味わうために、ちょっと遠くまで自転車に乗って出かけたものだ。今なら、原稿を書き終えたあとのドライブといったところだろうか。

さて、中国には隋の頃から清末まで、科挙と呼ばれる官吏登用試験があった。もちろん定期試験の比ではなく、チョー難しい試験で、これにパスした暁には、本人だけでなく、親類縁者・一族郎党すべてがその恩恵にあずかるというものだった。

その科挙に唐の孟郊《もうこう》が合格したときに作った詩（「登科後」）の一節に、

春風意を得て馬蹄疾《ばていはや》し
一日《いちじつ》見尽くさん長安の花
（春風が心地よく吹いて馬の蹄《ひづめ》も軽い。この一日で長安の花をすっかり見尽くそう）

とある。合格を知って、その喜びを抑えきれず、ウマに乗って都の郊外まで花見のドライブとしゃれ込んだときの詩で、いかにも得意気な様子がうかがわれる。

ところが、この詩句を、走るウマからでは花を十分味わうことなどできなかったろうに、と皮肉に解釈して、物事を大ざっぱに見て、理解が十分でない意の「**走馬看花**《そうばかんか》」（馬を走らせ花を看る）という熟語ができた。

公園内の桜を車の窓から見て済ますようなもので、忙しい現代人には耳の痛い語である。

ウマを疾駆させようと思うときは、ウマにムチを入れるわけだが、そのムチに関して、次のような話が『春秋左氏伝』宣公十五年に見える。


春秋時代、楚が宋を攻めたとき、晋の景公が宋を救おうとした。そのとき臣下の伯宗《はくそう》が、

「古人の言に、

鞭《むち》の長きと雖《いえど》も、馬腹に及ばず。


（長い鞭でも、馬の腹にまでは届かない）

とあります。今は天が楚に味方していますから、楚と争ってはいけません。わが国が強いからといって、どうして天に逆らうことができましょうか」

と諌めたという。

この故事から、どんなに力があっても、及ばないところがあるという意味の、「**長鞭馬腹**《ちょうべんばふく》」（長鞭、馬腹に及ばず、の略）という熟語ができた。ウマに乗る人でないとわからない、独特の経験則から出た熟語で、その着眼点がおもしろい。

さて、ウマにムチをあて、疾駆するのはよいが、あまりスピードアップすると、とんだひどい目にあわないとも限らない。

清の紀昀《きいん》著『閲微草堂《えつびそうどう》筆記』から出た「**懸崖勒馬**《けんがいろくば》」は、猛スピードで疾駆しているときの急ブレーキを思わせるような語である。「懸崖」は、切り立った崖のことで、「勒馬」は、ウマの手綱を引くこと。すなわち、切り立った崖の手前でウマの手綱を引いて、危うく落ちるところを防ぐ意から、情欲などに溺れて身の破滅を招きそうなとき、はっと気づいて踏みとどまることをたとえていう。

長い人生の間には、誰しもこういう経験の一度や二度はあるに違いない。そういうときは、崖っぷちで踏みとどまることが大事で、ゆめゆめウマもろとも奈落の底に落っこちることがないよう、心の手綱を引き絞らねばならない。

ウマも方便

使い道（方便）によっては許されるウソもあるということを、「ウソも方便」というが、戦国時代の思想家のなかには、自分のウソっぽちな論理を、詭弁を用いて強引に押し通そうとした人たちがいた。

なかでも、公孫竜《こうそんりゅう》はウマ使って強引な論理を展開し、彼の唱えた「**白馬非馬**《はくばひば》」（白馬は馬に非ず）という命題は、当時の思想界に大きな波紋を投げかけた。つまり、「馬」は、その形態から名づけられた概念であるのに対し、「白馬」は、その色から名づけられた概念である。したがって、「馬」と「白馬」は、その概念の内包が同じでないので、「白馬は馬ではない」というのである。

まさに、「ウマも方便」で、彼にかかれば、ウマであるものも、「馬」という語の使い道次第で、ウマでなくなってしまう。ここから、詭弁《きべん》を弄することを、「白馬非馬」という。

ところで、その公孫竜が旅に出かけ、ある関所まで来た。当時、関所ではウマにも通行税が掛けられていた。そのとき乗っていたのはたまたま白馬だったので、日ごろの「白馬はウマではない」という持論を展開し、税を免れようとしたが、関守が聞き入れるはずもなく、結局、通行税を払わざるを得なかったという。

後世の作り話だろうが、「白馬非馬」論が、所詮、非現実的な空論に過ぎないことを、うまく言い得ている話ではある。

言葉というものは、いま見たように、事実でないことを事実のように言いくるめたり、実際にないものまで表現したりすることができるという特性を持っている。そこから、さまざまなウソや、誇張や、小説などの芸術作品までが生み出されてくるのである。

『史記』刺客列伝論賛・索隠に、次のような話が見える。

戦国時代、秦の人質になっていた燕《えん》の太子丹《たん》は、待遇への不満を理由に、秦王（後の始皇帝）に帰国を願い出た。すると秦王は、

「**烏頭《うとう》白く、馬、角《つの》を生ぜば、乃《すなわ》ち、許さんのみ**」

（カラスの頭が白くなり、ウマに角が生えたら許可しよう）

と答えたという。

つまり、絶対に返さないという意思表示である。この故事から、実際にはあり得ないこと、実現不可能なことを「**烏白馬角**《うはくばかく》」という。

この話には続きがあって、丹が天を仰いで嘆いていると、たちまちカラスの頭が白くなり、ウマに角が生えてきた。そこで、秦王はやむなく約束どおり丹の帰国を認めたという。まあ、これは眉

に唾つけて読んでおいたほうがよい。

類義語に「狗頭生角《くとうせいかく》」（狗頭、角を生ず）、「亀毛兎角《きもうとかく》」（八五ページ参照）、「亀毛蛇足《きもうだそく》」などがある。

さて、これまでウマにまつわる四字熟語を見てきたが、その数の多さには驚かされる。これはやはり、ウマがわれわれの生活と密接な関係があることの反映だろう。

そういう意味では、ウシも同じなのだが、ただ、ウシの四字熟語の場合は、なんとなく泥臭さがあり、庶民の生活に密着した感じがするのに対して、ウマの四字熟語は、なんとなくスマートで、戦争や運搬など、為政者の側に関係した語が多いようだ。

したがって、関与する人間の種類もおのずと違ってきて、大雑把な言い方を許してもらえば、ウシに関わる人間は農民や一般大衆で、ウマに関わる人間は役人や兵士と言えようか。

未・ヒツジ・羊

ヒツジは約一万年前に西アジアや中央アジアに生息していた野生種が家畜化されたのが起源と考えられている。つまり、人間が狩猟生活から農耕による定住生活を始める頃に、すでにヒツジの飼育も始まっていたようだ。

ヒツジといえばすぐ羊毛製品を連想するが、衣服の材料となる毛の利用はずっと後のことで、当初はもっぱら食用として、その肉や乳が利用された。

羊肉は、キリスト教徒はもちろんのこと、豚肉を食べないイスラム教徒や、牛肉を食べないヒンドゥー教徒も食べてよいことになっているので、食肉の中で最も広く利用されている肉と言えよ

う。

看板に偽りあり

中国でも殷《いん》の時代から羊肉を食べていた形跡があり、昔から食卓を飾る重要な食材のひとつだった。その羊肉にまつわるよく知られた熟語に、「**羊頭狗肉**《ようとうくにく》」(羊頭を懸《か》けて狗肉を売る、の略)がある。

これは、店先にはヒツジの頭を懸けておいて、実際はイヌ(狗《いぬ》)の肉を売るという意味で、見かけは立派だが、内実が伴わないことをたとえていう。

ヒツジが立派で、イヌはつまらないという比較は、イヌよりヒツジの肉のほうがおいしいからといった話ではなく、おそらくヒツジが神前へのお供えものとして上位にランクされていたという事情にもとづくのではないかと思われる。

この語の出典は、南宋の禅僧無門《むもん》の著書『無門関』で、次のような記述が見える。

釈迦《しゃか》が霊山《りょうせん》で会衆に説法したとき、花を一本ひねって人々に示したところ、ひとり迦葉《かしょう》だけがにっこり微笑した。そこで釈迦は迦葉が自分の心を理解してくれたと思い、彼にだけ多くの教えを授けた。

この話は、釈迦の「霊鷲山《りょうじゅせん》の説法」として有名で、ここから「拈華微笑《ねんげみしょう》」という四字熟語が生まれた。これは、華《はな》を拈《ひね》ったのを見て微笑するという意で、仏教の真理を以心伝心で体得する妙を示した語として、当時の禅宗界で重用された言葉である。

ところが、無門は、この「霊鷲山の説法」にうかがわれる釈迦の行為を、次のように批判する。

一人にだけ教えを授けた釈迦の行動は、日ごろの立派な教説に矛盾していて、

傍若無人にして、良を圧して賎と為し、羊頭を懸けて狗肉を売るものなり。

(わがまま勝手なふるまいにほかならず、善良な人々を悪人とみなしておさえつけ、羊頭を懸けて狗肉を売るようなものだ)

ここから、「羊頭狗肉」という表現が生まれ

るのだが、それ以前にも、同趣旨の「**羊頭馬脯**《ようとうばほ》」（「脯」はウマの乾《ほ》し肉）という表現が『後漢書』光武本紀にあり、無門はこの語が念頭にあったのではないかと思われる。また、「**牛首馬肉**《ぎゅうしゅばにく》」（三九ページ参照）という表現が『晏子春秋《あんししゅんじゅう》』にすでに見え、この種のものでは最も古い。

したがって、この種の語は、はじめは「牛首」だったものが「羊頭」に代わり、「馬肉」が「狗肉」に代わって、今の「羊頭狗肉」という表現に落ち着いたようだ。

見かけ倒し

昭和三十年代、白黒テレビが普及しつつある頃、娯楽番組の一つにプロレス中継があった。力道山をはじめとする日本人レスラーが、外人レスラーを迎え撃つという趣向で、仕組まれているとはいえ、ハラハラドキドキの展開には、ついつい引き込まれたものだ。

試合が始まる前に外人レスラーの紹介があるのだが、その鋼鉄のような筋肉質の体と、獰猛《どうもう》な獣を思わせる面構えに、見ている方までたじたじとなるような威圧感があった。

ところが試合が始まると案外弱く、力道山の繰り出す空手チョップに外人レスラーがきりきり舞いしてマットに沈んでいく。もちろん周到に練られた演出だったのだろうが、強そうな格好をしていても、必ずしも強いとは限らないんだと、子供心に思ったものである。

このように、ほんとうは軟弱なのに、外見がことのほか強そうに見えることを「**羊質虎皮**《ようしっこひ》」（羊《よう》質《しっ》にして虎皮《こひ》す）という。トラの皮をかぶってはいるが、中身はヒツジであるという意味で、外見の立派さに実質が伴わないことをたとえていう。

前漢の揚雄《ようゆう》著『法言』に、次のような話が見える。

ある人が私に次のような質問をした。

「いま、姓は孔、字《あざな》は仲尼《ちゅうじ》という、聖人孔子と同姓同名の人がいたとします。その人が孔子の家に行き、表座敷に上がり、孔子の使った机の前に座り、孔子の着た服を身につけたならば、その人は聖人孔子といえるでしょうか」

そこで私が、

「見かけは孔子と同じだろうが、実質は孔子と似ても似つかないよ」

と答えると、

「じゃあ、その人の実質とやらは、いったいどのようなものなのですか」

と、また尋ねるので、

「**羊質にして虎皮なれば、草を見て喜び、豺《やまいぬ》を見て戦《おのの》く**」

（中身は、所詮ヒツジで、トラの皮をかぶっているだけなので、草を見つけると喜ぶが、ヤ

マイヌに出会うと恐怖におののく。そんなものさ)
と答えてやった。

つまり、実質は、自分の外見がトラであることをすっかり忘れて、ヤマイヌにおびえるヒツジのような見かけだおしの人間にすぎない、と「私」は答えたのであるが、ここから、「羊質虎皮」という熟語ができた。

ところで、この語は、立派な外見と貧弱な内容とが一致しないという意味では、さきの「羊頭狗肉」に似ているが、ヒツジの使われ方が逆で、「羊頭狗肉」のヒツジは立派なもののたとえであり、「羊質虎皮」のヒツジは駄目なもののたとえである。

迷える子ヒツジ

フランスの哲学者サルトルに、「実存は本質に先立つ」という有名な言葉がある。ペーパーナイフは初めから物を切るための道具として作られるので、出来上がってから、さて何に使おうかと考える必要はないが、人間は道具とは反対に、まず何ものでもないものとして生み出され(実存)、生まれた後で何ものか(本質)になっていく、というのである。

サルトルの言に従えば、われわれは、この世に生み出された後は、自らの決断によって進むべき路を選び取り、己の人生を作っていかなければならない。しかし、選び取るといってもそう簡単には行かない。選択肢の少ないときはまだしも、多いときはどれを選び取るべきか判断できず、途方にくれてしまうことがよくある。

『列子』説符篇に次のような話が見える。

楊子《ようし》（戦国時代の思想家、楊朱《ようしゅ》のこと）の隣人の飼っていたヒツジが一匹逃げた。隣人が探しにかかるが、一家のものだけでは足りず、楊子の家僕まで借りに来た。たいそう大がかりだねえと楊子が茶化すと、隣人は、なにせ分かれ道が多いものでと、恐縮している。しばらくして帰ってきた隣人に、楊子が事の首尾を尋ねると、見失いましたと言う。それはまたどうしてと楊子が聞き返すと、隣人いわく、

「岐路の中に、又、岐《き》有り。吾、之《ゆ》く所を知らず」

（分かれ道に、さらに分かれ道があるといった塩梅で、どの道を探したらよいのか、わからなかったのです）

ここから、「**岐路亡羊**《きろぼうよう》」（岐路に羊を亡《うしな》う）という熟語ができた。枝分かれした道を前にして、逃

げたヒツジを見失うという意味で、そこから、選択肢が多くて、どれを選んだらよいか途方に暮れるさまをたとえていう。

この話にはまだ続きがある。

隣人の返答を耳にした楊子は、どうしたことか、一日中、ものも言わず考え込んでいた。弟子たちの問いかけにも答えず、しきりに何かを思案しているようすだった。

後日、弟子の心都子《しんとし》が師の楊子と話をする中でその考えを悟り、師に代わって次のように同僚の弟子たちに説明した。

「**大道は多岐を以て羊を亡い、学者は多方を以て生を喪《うしな》う。**

(大きな道は岐路が多いためにヒツジを見失ってしまうように、学問をする者は学問の方法が幾通りもあるために、自分の進むべき道がなかなか見出せないものだ)

先生はそれで考え込まれていたのだ。

しかし、学問の目的つまり真理は一つなのだから、その根本のところに立ち戻れば真理を見失うはずはない。

今度の一件で、先生はそのような結論に到達されたのだ」

この後半の話から、「多岐《たき》亡羊《ぼうよう》」（岐《き》多くして羊を亡《うしな》う）という熟語ができ、もともと学問の道が多方面に分かれていて、なかなか真理が見出せない状態をいう語であった。それが、今では学問だけでなく、広く一般に、方針が多すぎて選択に迷うような状況を意味するようになり、「岐路亡羊」と通用されている。なお、「亡羊《ぼうよう》之《の》嘆《たん》」も同義語である。

ところで、「亡羊」のつく熟語は他にもあって、『荘子』駢拇《べんぼ》篇に次のような話が見える。

下男の二人がヒツジの放牧をしていて、どちらもヒツジに逃げられてしまった。事情を尋ねると、一人は読書にふけっていましたと答え、もう一人は賭け事をして遊んでいましたと答えた。

この寓話から、他のことに気をとられて、肝心のことがおろそかになることを、「**読書亡羊**《どくしょぼうよう》」（書を読みて羊を亡う）という。

読書と賭け事は、行いとしては善と悪の両極端であるが、ヒツジを逃がしたという点では同じ過ちとみなすのである。つまり、結果が問題であって、途中の事情は一切考慮する必要はないというのが、この熟語の、もう一つの言わんとすることである。

「亡羊」のつく語でもう一つ、『戦国策』楚策から出た「**亡羊補牢**《ぼうようほろう》」（羊を亡《うしな》いて牢を補う）という熟語がある。「牢」は、囲いのこと。ヒツジが逃げてから囲いの補修をする意で、失敗してから慌てて改善する、つまり、対策が後手に回ることをたとえていう。わが国の「あとの祭り」や、「泥棒を見て縄を綯《な》う」（泥縄《どろなわ》）などと類似の表現である。

ただ、原典には、

羊を亡いて牢を補うも、未だ遅しと為さざるなり。

（ヒツジが逃げてから囲いの補修をしても、まだ遅いわけではない）

とあり、失敗してもすぐに対策をとれば、被害を最小限に食い止めることができるという意味でこの語が出てくる。それで、過ちを犯しても、すぐに悔い改めれば、まだ救いようがあるという意味の使われ方もある。

いけにえのヒツジ

「羊頭狗肉」のところでも少し触れたように、ヒツジはウシと並んで、昔からいけにえとしてよく神前に供えられた。いけにえ、すなわち犠牲の「犠」および「牲」という字は、ともに牛偏なので、ウシが関係していることは一目瞭然だが、「犠」の字をよく見ると、旁《つくり》の「義」の方に、「羊」がちゃんと含まれているのがわかる。

さて、ヒツジといけにえとの関係について、少し説明しておこう。

周代の諸侯は、毎年十二月になると天子から翌年の暦を受け取り、祖廟《そびょう》（先祖の御霊屋《おたまや》）に収めた。そして、毎月の朔日《ついたち》にその月の暦を祖廟に告げ（これを「告朔《こくさく》」という）、いけにえのヒツジを供えて祖先を祭り、その暦を領民に発布した。この一連の儀式を告朔の礼という。

この告朔の礼にまつわる、次のような話が『論語』八佾《はちいつ》篇に見える。

魯の国では、すでに告朔の礼が形骸化していて、「告朔」のプロセスを省き、ただヒツジだけが供えられていた。そこで、孔子の弟子の子貢《しこう》が、そのように有名無実化しているのなら、いっそのことヒツジをいけにえにするのをやめてはどうかという意見を師に述べた。それに対して孔子が言った。

「賜《し》や、女《なんじ》は其の羊を愛《お》しむ。我は其の礼を愛しむ」

（賜〔子貢の名〕よ、お前はそのヒツジを惜しんでいるが、私はその礼が惜しい）

つまり、ヒツジのいけにえ（これを「餼羊《きよう》」という）をやめると、告朔の礼そのものが廃《すた》れる恐れがある。孔子は、昔から伝わるその儀礼が失われることのほうが惜しいというのである。

ここから、虚礼でも残しておくべきことを、「**告朔餼羊**《こくさくきよう》」（告朔の餼羊）という。また、実質を失って形式ばかり残っていることをたとえていう。

いけにえのヒツジにまつわる話では、『孟子』梁《りよう》恵王《のけいおう》・上篇に次のような話も伝えられている。

戦国時代の斉の宣王が、たまたまウシが牽かれていくのを見た。ウシを牽いている男にどこに連れて行くのかと聞くと、新しい鐘ができたので、血を注いで祭るためのいけにえにしようと思って、このウシを連れて行くのだという。

宣王は、何の罪もないウシがおどおどしながら死地に赴くさまを見て、かわいそうになり、ウシを連れ帰るように命じた。では血塗りの儀式はしなくてもよろしいのですかとその男が王に尋ねると、王が答えて言った。

「何ぞ廃《はい》すべけんや。羊を以て之《これ》に易《か》えよ」

(どうして儀式をとりやめにすることができよう。ウシの代わりにヒツジを殺しなさい)

まるで落語の落ちみたいで、思わず吹き出してしまいそうだが、この故事から、小さなもので大きなものの代用をさせることを、「以《い》羊《よう》易《えき》牛《ぎゅう》」(羊を以て牛に易《か》う)という。また、ウシとヒツジのどちらをいけにえにしても差がないことから、二つの事柄について本質的には変わりがないことをたとえていう。

いけにえというわけではないが、これから殺されようとするヒツジを引き合いに出して、仏の教えを述べた、次のような教説が『涅槃《ねはん》経《ぎょう》』に見える。

人の寿命は朝露といっしょで、長らくこの世にとどまるものではない。たとえて言えば、囚人が街中の処刑場に赴くように、あるいは、ウシやヒツジが牽かれて屠殺場に行くように、一歩一歩死に近づいているのだ。

ここから、「屠所之羊《としょのひつじ》」という熟語ができた。「屠所」は、家畜を殺す屠殺場のこと。そこに牽《ひ》かれていくヒツジのことをいい、死を間近にひかえている人のたとえである。また、生きる気力が萎えて意気消沈したさまにもいう。

「屠所之牛《としょのうし》」、「屠所之歩《としょのあゆみ》」なども同義。

わが国のことわざに、「牽かれ者の小唄」というのがあるが、この「牽かれ者」も、同じく処刑場に牽かれていく者のことである。ただ、この場合、今にも処刑されようとしている罪人が、小唄を歌って平気を装い、わざと強がって見せることをいい、同じく死に直面していても、「屠所之羊」とは少し様子がちがう。

ヒツジの料理人

殺されるヒツジがいれば殺す人間もいる。つまり、ヒツジを殺してその肉を売ったり、料理したりする者がいるわけだが、そういう業者に関する熟語がいくつかある。

まず、『荘子』譲王篇に、次のような話が見える。

春秋時代、楚の昭王は呉に攻められて国外に逃亡した。翌年、呉が楚を引き払ったので、昭王は帰国して王位に復帰し、逃亡中に随った者たちに論功行賞《ろんこうこうしょう》を行うことにした。

羊肉業の説《えつ》も恩賞の対象になったが、説は、呉が勝手に来て勝手に帰っただけのことで、何も手柄を立てたわけではないので、褒美をもらうわけにはいきません、元の仕事に戻れただけで十分です、と言って、どうしても恩賜を受けようとしなかったという。

　この故事から、不相応な地位や身分を得ようとせず、分《ぶん》に合った仕事に精を出すことを「**屠羊之《とようの》肆《し》**」という。「屠羊」は、食肉用のヒツジを殺すこと。「肆」は、店のこと。つまり、ヒツジの肉を売る店のことで、自分の身の丈にあった仕事のたとえである。

　もう一つ、『春秋左氏伝』宣公十二年に、次のような話が見える。

　楚の荘王は、鄭《てい》の国が離反して晋についたので、懲らしめるために鄭を襲い、三ヶ月かけて攻め落とした。楚軍が鄭の都に入城すると、

　鄭伯、肉袒《にくたん》して羊を牽き、以て逆《むか》う。

（鄭の君主は肌脱ぎになり、ヒツジを牽いて出迎えた）

　この故事から、降伏して相手に服従する意を表すことを、「**肉袒牽羊《にくたんけんよう》**」（肉袒して羊を牽く）という。「肉袒」は、肌脱ぎになって上半身を裸にすること。降服や謝罪などのとき、どうにでもして

くださいという意思表示である。「牽羊」は、ヒツジを牽くことで、料理人、つまり下僕として相手に仕える意を表す。

「肉袒」という語のつく熟語には他にも、『史記』廉頗《れんぱ》・藺相如《りんしょうじょ》伝から出た「**肉袒負荊**《にくたんふけい》」（肉袒して荊《いばら》を負う）や、同じく『史記』の宋世家から出た「**肉袒面縛**《にくたんめんばく》」（肉袒して面縛す。「面縛」は後ろ手に縛って顔だけ見せること）などがあり、いずれも、謝罪や降服の意を表す語である。

前進あるのみ

ヒツジは一般におとなしくてやさしいと思われがちだが、オスのヒツジはけっこう勇猛だったらしく、『易経《えききょう》』大壮《たいそう》に、

羝羊《ていよう》、藩《まがき》に触れ、退く能《あた》わず、遂《すす》む能わず。

（オスのヒツジが突進して生垣《いけがき》に角を引っかけ、退くことも進むこともできずにいる）

いいところがないが、その苦しさを反省して身を慎めば、吉に転じる。

という卦《か》（占い）があり、そこから、進退きわまることを意味する「**羝羊触藩**《ていようしょくはん》」（羝羊、藩《まがき》に触《ふ》る）という熟語ができた。「羝羊」は、オスのヒツジのこと。「藩」は、生垣のことである。

オスのヒツジはイノシシ顔負けの猛々《たけだけ》しさをもっているので、発情期になると闘争的となり、群れをしばしば混乱に陥れる。そこで、オスは子ヒツジのうちに間引きされ、いけにえにされたり、食用にされたりする。キリスト教の復活祭やユダヤ教の過ぎ越しの祭りで子ヒツジを食べるのは、このオスの間引きと時期的に関係があるという。

後退知らずの猛進ぶりは何もオスに限ったことではなく、ヒツジは生来、直進することしか知らないらしい。また、その直進性と多少関係があるのかもしれないが、従順なように見えて、実は、けっこうわがままだという。

そのようなヒツジの性質をとらえて熟語にしたものに、『史記』項羽本紀から出た「**羊很狼貪**《ようこんろうどん》」がある。「很」は、道理に背く意で、「羊很」は、ヒツジのように心がねじけていて、道理に背くことをいう。「狼貪」は、狼のようにむさぼること。あわせて、道理からはずれていて貪欲なことをいう。

よいヒツジ飼い

心がねじけていてわがままなヒツジは、しっかり導いてやらないと、すぐに間違った方向に行ってしまう。よきナビゲーターの必要性を説いた、次のような言葉が『易経』夬《かい》に見える。

進もうにも進めないときは、ヒツジ飼いが、ヒツジの群れて動く性質をうまく利用してヒツジを導くように、他の君子と行動をともにすれば、正しい道が得られ、悔いることもない。

ここから、よい指導者に従えば後悔することがない、という意の「**牽羊悔亡**《けんようかいぼう》」（羊を牽けば、悔《く》い亡《ほろ》ぶ）という語ができた。「牽羊」は、よいヒツジ飼いが、ヒツジの群れを誘導することをいう。

聖書の中で、キリストは「よいヒツジ飼い」にたとえられ、迷えるヒツジたち（人々）を正しい道に導く存在であるが、この語はまさに、そういうキリストの在り方に通じるものがある。

ただ、先導者は一人いれば十分で、これが多ければ、「船頭多くして、船、山に上る」と同じで、かえって前に進まない。その辺のことを表す熟語に、『隋書』楊尚希《ようしょうき》伝から出た「**十羊九牧**《じゅうようきゅうぼく》」がある。

これは、十四のヒツジに対して、九人の牧《ぼく》（ヒツジ飼い）がいるという意味で、そこから、人民の数に対して役人の数が多すぎることをたとえていう。今で言えば、行政改革の一環として、公務員の定数を削減する際の理由になりそうな事情をいう。

ヒツジ飼いではないが、ヒツジにまつわる人という関連で強引にこじつけると、『後漢書』厳光《げんこう》伝から出た「**羊裘垂釣**《ようきゅうすいちょう》」（羊裘、釣《ちょう》を垂《た》る）という語がある。これは、ヒツジの裘《かわごろも》（毛皮のコート）を着て、釣り糸を垂れる意から、隠者のことをたとえていう。

ヒツジの裘は、今で言えばウール百パーセントの高級毛皮ということになるが、昔は貧しい人の着るものの代表で、とりわけ着るものに頓着しない隠者がよく身につけていたので、こういう表現がある。

ヒツジは、その毛皮だけでなく、肉はもちろんのこと、骨や内臓まで利用される。なかでも腸はソーセージの材料になり重宝なものであるが、その腸にまつわる熟語に、「**羊腸小径**《ようちょうしょうけい》」がある。

「羊腸」は、ヒツジの腸《はらわた》のように曲がりくねったものをたとえていう。そもそもヒツジは、ウシと同じように胃袋が四つあり、エサを反芻《はんすう》して食べる。したがって、腸管が発達していて長く、体長の二十倍にも達するという。それほどの長さのものを、比較的小さな体に収納するためには、どうしても幾重にも曲がったものにならざるを得ない。

「小径」は、小道のこと。つまり、「羊腸小径」は、曲がりくねった小道をたとえていう。「**斗折**《とせつ》**蛇行**《だこう》」（二一六ページ参照）や、和語の「**九十九折**《つづらおり》」と同義である。

さて、ヒツジにまつわる熟語をこれまで見てきたが、案の定、牧畜に関連した語が多い。そこに見出されるヒツジの姿は、「羝羊触藩」の場合を除けば、だいたいが従順でおとなしく、見掛け倒しとか、道に迷うとか、いけにえとかに関連した、受動的、消極的な意味合いの熟語を作るのに一役買っている。

このようなヒツジの姿には、階級社会のなかで搾取され、抑圧されてきた人民の姿が思い合わされ、ヒツジごとではない気がして同情を禁じえない。同じ家畜でも、図体の大きなウシや、貪欲なブタとはまた違った近しさを感じさせる家畜であるといえよう。

申・サル・猿

サルが他の動物と大きく異なる点は、人間にいちばん近い動物であるということだろう。それは生物学的に人間と同じ霊長類に属していることからも明らかであるが、なにも生物学をまつまでもなく、形態的に顔や姿形が人間によく似ており、ゴリラやチンパンジーといった類人猿ともなると、極端に言えば人間に毛が生えたようなもので、夜目遠目だと見まがうほどである。

生物進化論の立場では、サルと人間は共通の先祖を持ち、あるときを境に枝分かれしたと説く。それがいつ頃のことなのか、まだ確定的なことはわからないらしいが、人類の化石でいちばん古いものが、アフリカから出土した約四〇〇万年～二五〇〇万年前のものであることを考えると、その頃までにはすでに、サルと人間の分岐は済んでいるはずだ。

山登りをしたあと下山する方向を間違えると、予定地点とはまったく反対のふもとに出てしまう。分岐後のサルと人間はこれに似ていて、今では両者の間は天と地ほどの差が生じてしまったようである。

サルの浅知恵

サルはその形態やしぐさが人間に似てはいるが、知恵ではやはり本物の人間にはかなわない。三歳児程度か、それ以下だろう。サルに関する話で、幼児に飴玉をやるときにも似た、次のような話が『列子』黄帝篇に見える。


春秋時代、宋の国に狙公《そこう》（「狙」はサルのことで、「狙公」はサルのご主人というほどの意）という者がいた。その名の通りサル好きで、たくさんのサルを飼い、家族の食いぶちを減らしてまでも、サルたちの食欲を満たしてやっていた。

やがて狙公の生活が苦しくなり、サルたちの食糧を減らさざるを得なくなった。しかし、まともに切り出すとサルたちが自分になつかなくなると思い、だますつもりでこう言った。

「**若《なんじ》に芧《とち》を与うるに、朝《あした》に三にして暮れに四にせん。足るか**」

（お前たちにどんぐりをやるのに、朝三つ暮れ四つにしようと思うが、それで足りるか）

すると案の定、サルたちはみな立ち上がって怒りだした。そこで狙公はすばやくこう言い直した。

「では朝四つ暮れ三つにしよう」

サルたちは朝の配給が三つから四つに増えたと思い、大いに喜んだ。

この寓話から「**朝三暮四**《ちょうさんぼし》」という熟語ができた。この語は、見方によっていろいろな意味に解釈できる。

まず、この話をサルに焦点を当てて読むと、「浅はかな考え」「目先の利益にとらわれて大局を見誤るこ

と」などという意味が出てくる。一方、狙公に焦点を当てて読むと、「相手を言葉巧みにだますこと」という意味になる。また、第三者的な立場で読むと、「どっちのやり方にしろ大した違いのないこと」という意味になる。

したがって、もし文章の中でこの語に出会ったら、文脈や場面をよく勘案して意味をとらえなければならない。

サルの浅知恵に関連した熟語をもうひとつ紹介しよう。仏教の古代の部派の一つ大衆部《だいじゅ》の規則を示した『僧祇律《そうぎりつ》』に、次のような寓話がある。

> 大勢のサルたちが、木の下の井戸水に月が映っているのを見て、それを取ろうと、木の枝から順次尻尾につかまり、ぶら下がっているうちに枝が折れ、サルたちはみな溺れ死んでしまった。

ここから、身の程もわきまえず事を為そうとして失敗することを、「**猿猴取月**《えんこうしゅげつ》」（猿猴、月を取る）、または「**猿猴捉月**《えんこうそくげつ》」（猿猴、月を捉《とら》う）という。「猿」と「猴」は同義で、「猿猴」でサルの意を表す。

江戸時代の俳人小林一茶の句に、「名月を取ってくれろと泣く子かな」とあるが、サルの知恵も、この、夜空の月が柿の実のように取れるものだと思って、父親に駄々をこねている子供と同等のレベルと言えよう。

この「猿猴取月」と似た語に「**海底撈月**《かいていろうげつ》」（海底に月を撈《すく》う）がある。海面に映った月を見て海底に月があると思い込み、すくい取ろうと躍起になることから、無駄なことをして労力を費やすことをたとえていう。

月がイカみたいに掬い取れるなどと考えるバカな人はいないと思うが、これが酔漢だったらどうだろうか。唐の詩人李白は、酒に酔って船から月をすくい取ろうとして溺死した、というまことしやかな伝説が巷間に流布している。風流と酒を愛した李白ならではの、いかにもありそうな話ではないか。

項羽はサルのような男？

わが国の武将でサルといえば、木下藤吉郎こと豊臣秀吉がよく知られているが、中国にも、「あいつはサルだ」と陰口をたたかれた有名な武将がいる。

司馬遷の『史記』項羽本紀に次のような話が見える。

秦攻略の先陣争いで劉邦に後れを取った項羽は、圧倒的な武力を背景に、すでに秦の都咸陽《かんよう》に入城していた劉邦軍を追い出し、秦を自軍の支配下に置いた。そして、すでに劉邦軍に降っていた秦王の子嬰《しえい》を殺し、宮殿の財宝や婦女を簒奪し、ついには宮殿に火を放って秦王朝を名実ともに滅ぼした。

そのとき、ある人が項羽に、関中（秦の地）は四方を山河に囲まれ、土地も肥えているので、ここに都を定めて天下に覇をとなえてはどうかと進言した。しかし咸陽はすでに破壊しつくされて廃墟と化しており、また三年にも及ぶ長征で故郷が恋しくもなっていたので、項羽はこう答えた。

「富貴《ふうき》にして故郷に帰らざるは、繡《しゅう》を衣《き》て夜《よる》行くがごとし。誰か之《これ》を知る者ぞ」

（富貴になっていながら故郷に帰らないのは、錦繡《きんしゅう》を着て夜歩くようなものだ。知ってくれる者がいないのではつまらない）

ここから、「**衣繡夜行**《いしゅうやこう》」（繡を衣て夜行く）という熟語ができた。これは、自分のすばらしさに誰も気づいてくれなくて、もの足りなく感じることのたとえである。

これの反対は、わが国でいう「故郷に錦《にしき》を飾る」で、四字熟語では、『南史』柳慶遠《りゅうけいえん》伝から出た「**衣錦還郷**《いきんかんきょう》」（錦《にしき》を衣《き》て郷に還《かえ》る）や、欧陽脩著「相州昼錦堂記《しょうしゅうちゅうきんどうき》」から出た「**衣錦之栄**《いきんのえい》」といった表現がある。

ところで、この項羽の言葉を聞いたある人は、後に知人にこう述懐した。

「人言う、『楚人は沐猴《もくこう》にして冠《かん》するのみ』と。果《は》たして然《しか》り」

（世の人は、楚人のことをサルが冠をかぶっているようだと評しているが、まさしくその通りだな）

項羽は楚の出身なので、彼の粗忽《そこつ》で見識のなさをこう揶揄《やゆ》したのである。ここから「沐猴而冠《もくこうじかん》」（沐猴にして冠《かん》す）という語がうまれた。沐猴とはサルのこと。サルのような粗野な人物が衣冠を身に着けているという意で、見かけは立派だが、学問・教養のない人物をあざけっていう。わが国でいう「サルに烏帽子《えぼし》」は、この四字熟語を日本風に言い換えたものである。

なお、項羽の悪口を言ったこの人は、その後項羽に捕らえられ、釜ゆでの刑に処せられてしまった。「サル」と酷評された人物が、いかにもやりそうな仕打ちである。

サルの母心

何らかの社会的地位にある人が、お粗末をしでかして国民に謝罪するとき、「このような事件を起こしてしまって、まさに断腸の思いです」などとよく言うが、この「断腸」という言葉は、もともと腸《はらわた》がちぎれるほどの悲しみをいう語で、『世説新語《せせつしんご》』黜免篇《ちゅつめん》に見える次のような話から出てきたものである。

東晋の将軍桓温《かんおん》が、蜀《しょく》（今の四川省《しせん》）の賊を討伐するために船団を組んで長江をさかのぼったときのこと、世に三峡といわれる難所に差しかかったとき、部隊のなかのある兵士が、たまたま水際にせり出した岸壁で遊んでいた子ザルを捕まえた。するとそれを見つけた母ザルが、子ザルを助けようと、岸伝いに百里あまりも追ってきた。そして万策尽きたと見るや、自ら船の中に跳び込んできて、そのまま息絶えてしまった。その母ザルの腹を切り裂いてみると、子ザルを奪われた悲しさのあまり、腸がずたずたにちぎれていたという。

この故事から、悲痛な思いのことを、「断腸」というようになった。四字熟語では、「**母猿断腸**《ぼえんだんちょう》」、「**九腸寸断**《きゅうちょうすんだん》」（九は数の多いたとえで、九腸は腸全体のこと）、あるいは、単に「**断腸之思**《だんちょうのおもい》」という。

今では安易に用いられすぎて陳腐な感じもしないではないが、もとは漢詩などで深い悲しみを表すときに用いられた荘重な表現である。

母ザルの子ザルに対する必死の思いは母性愛から出たもので、人間に優るとも劣らないその情愛深さには感動すら覚えるが、母性愛はあくまでも本能的感情の発露であり、理性の有無という点では、サルと人間は一線を画している。

つまり、人間には本能的感情にブレーキをかける理性があるが、サルはあくまで本能のおもむくままに行動する。そのようなサルの野獣性を踏まえた語に、「**意馬心猿**《いばしんえん》」がある。

これは、本能的感情に駆られて、そこらを走り回るウマや、ギャーギャー騒ぎ立てるサルのように、気持ちがハイになって抑制できない状態をいい、煩悩や情欲のために心が落ち着かないことをたとえていう。

もともと『維摩詰経講経文《ゆいまきつきょうこうきょうもん》』という変文（平易な言葉で説かれた説教文）を典拠とする仏教用語で、他の変文には「**心猿意馬**」という表現も見える。

サルと木

サルは本来、樹上生活をする動物であり、樹木とは切っても切れない関係にある。だから、サルから木を取り上げたら、陸に上がった河童《かっぱ》と同様、拠り所を失って哀れな姿を露呈することになる。

『淮南子《えなんじ》』主術訓に、次のような言葉が見える。

舟を飲み込むほどの大魚（呑舟《どんしゅう》の魚）も、あまり動き回りすぎて、水のないところに行ってしまうと、ケラやアリのような小さな生き物にやられてしまう。

猨狖《えんゆう》、木を失いて、狐狸《こり》に擒《とら》えらる。

（サルも、木のもとを離れてしまうと、キツネやタヌキに生け捕られる）

このようなことになるのは、結局そこが本来居るべきところでないからだ。

ここから、木から離れた哀れなサルのことを、「**猨狖失木**《えんゆうしっぼく》」（猨狖、木を失う）という。「猨」は手長ザル、「狖」は尾長ザルのこと。「失木」は、木を下りるか、木から落ちるかして、木から離れた状態にあることをいう。つまり、拠り所を失って力を十分発揮できないことをたとえていう。

ところで、この「猨狖失木」と似た表現に、やはり『淮南子』の覽冥訓《らんめい》から出た「猨狖、顚蹶《てんけつ》して木枝《ぼくし》を失う」という成語がある。「顚蹶」は、つまづいて転ぶ意で、サルが木渡りのとき、しくじって木の枝をつかみ損ねることをいう。つまり、その道の達人でも時には失敗することもあるというたとえで、わが国でいう「サルも木から落ちる」の語源と考えられる。

この「サルも木から落ちる」と、さきほどの「猨狖失木」との違いを見てみると、前者は、木渡りという行為での失敗をあげつらった言い方であるのに対し、後者は、言うなれば木から落ちてしまった後のサルの状態を言ったもので、その視点の置き所が異なる。

さて、サルが木から落ちるなどということはめったにあることではなく、ふつうサルといえば木登りの名人である。だから、「サルに木登り」といえば、「釈迦に説法」「河童に水練」と同じく、教える必要のないものに教訓を垂れる、つまり無意味なことをするたとえとして用いられる。

この「サルに木登り」は、四字熟語では「**教猱升木**《きょうどうしょうぼく》」（猱《さる》に木に升《のぼ》るを教う。「猱」は、手長ザルの一種）という。典拠になっている『詩経』小雅の詩句では、

猱に木に升るを教うる毋《な》かれ
塗《と》に塗を附するがごとし

（サルに木登りを教えてはいけない。それは泥に泥を塗るようなもので、悪を増長させるだ

けだ）

となっていて、「無意味なことをする」というわが国での使い方とは違い、「悪人にさらに悪を教えて増長させる」というほどの意味で使われている。

なお、この詩句から、「悪いものに、さらに悪いものを重ねる」という意味の、「泥に泥を塗る」「泥の上塗り」という成語もできた。

サルの住まい

樹上生活をするサルにとって、我が家となるべき樹木の選定は非常に大事になってくる。少しでも住み心地のよい木を探すはずだ。ところが、緊急事態のときはそうも言っていられない。

『晋書』文苑伝《ぶんえんでん》に、次のような話が見える。

征北将軍の褚裒《ちょほう》が李充《りじゅう》の人柄を見込んで自軍の参謀に抜擢しようとした。ところが李充は地方の長官になりたいという。褚裒はそれを許したが、格下の役人を所望する理由を尋ねたところ、李充が答えた。

窮猿《きゅうえん》、林に投ずるに、豈《あ》に木を択ぶに暇《いとま》あらんや。

（追い詰められたサルが林に逃げ込もうとするとき、どうして木を選ぶ余裕がありましょうか）

李充の家は当時貧窮にあえいでいたようで、その窮乏を救うためには、取りあえず実入りのよい地方官になった方が得策だと考えたのである。

ここから、緊急避難的な意味合いの、「**窮猿投林**《きゅうえんとうりん》」（窮猿、林に投ず）という熟語ができた。追いつめられたサル（窮猿）は、よじ登るに適した木を選んでいる余裕などなく、とりあえず林の中に身を投じて難を避けることから、困っているときは選り好みなどしていられないことをたとえていう。

サルの住まいは、なにも木だけとは限らない。大雨や嵐のときは、むしろ地上の穴倉のほうが過ごしやすいし安全である。

後漢の儒者孔融《こうゆう》の詠んだ「臨終詩」と題する詩の一節に、

河の潰《つい》ゆるは蟻孔《ぎこう》より端《はじ》まり

山の壊《やぶ》るるは猿穴《えんけつ》由りす

（河の決壊は、小さなアリの穴から始まり、山の崩壊は、サルの穴倉から始まる）

とあり、ここから、「**猿穴壊山**《えんけつかいざん》」（猿穴、山を壊《やぶ》る）という熟語ができた。大きな山も、取るに足りない猿の穴倉が原因で崩れることがあるという意味で、小事をないがしろにすると大事に至ることをたとえていう。

なお、この詩の前句は、『韓非子』喩老《ゆろう》篇にある、

千丈の堤《つつみ》も螻蟻《ろうぎ》の穴を以て潰ゆ。

（千丈もの長い堤防も、ケラやアリの作った小さな穴が原因で決壊する）

という表現を踏まえたもので、ここから出た「**螻蟻潰堤**《ろうぎかいてい》」（螻蟻、堤を潰《ついや》す）は、さきの「猿穴壊山」と同義である。ほかにも、道家の思想書『関尹子《かんいんし》』に見える語で、舟がわずかな隙間から入り込んだ水によって沈没してしまう意の「**小隙沈舟**《しょうげきちんしゅう》」（小隙、舟を沈む）も、これらと同義である。

サルの手はなぜ長い

地球上に棲む生物の形態は実にさまざまで、バラエティーに富んでいる。鼻の長いゾウもいれば、首の長いキリンもいる。

ところで、キリンの首はなぜ長いのだろうか。十九世紀初頭のフランスの博物学者ラマルクは、これを説明するのに「用不用説」を唱えた。キリンは高いところにある木の葉を食べるために首や足をのばしていた。すると、だんだん首や足が伸びてきて、その形質が代々積み重ねられて、現在の形態に至ったのだという。つまり、動物のよく使う器官は発達し、あまり使わない器官は退化するというわけだ。

この説はたいへんわかりやすく俗受けするが、個体の獲得した形質は遺伝しないことから、今では否定されている。そして、近代生物学では、ダーウィンが十九世紀中葉に『種の起源』で唱えた自然選択説が主流になった。その説に従えば、キリンの首が長いのは、高いところにまで届く首の長いキリンが突然変異的に生まれ、その種のものが生き残ってきた結果であるということになる。

現代の生物学では、この自然選択説に日本の木村資生《もとお》博士の「中立進化説」（生存競争に関して有利とも不利とも言えない中立の突然変異が、偶然、集団内に蓄積され、それが大きな変化に結びついて進化を推し進めるという説）を加えた考え方が主流になっている。

私には詳しいことはわからないが、いずれにしろ確かなことは、その生物の形態と生活環境（住まいや食べ物）との間には密接な関係があるということだ。

そこで、サルの手はなぜ長いのか考えてみると、やはり、そこには生活環境との関係が見えてくる。つまり、木の実を食べる際に木の枝をつかんだり、木から木へ渡ったりするのには長い腕が便利なわけで、適者生存の原則から言えば、サルの腕が長いのも当然といえよう。

サルの長い腕の特徴を踏まえてできた語に、「猿臂《えんぴ》」（「臂」は、腕の意）という語がある。これは、サルのように腕が長いことで、弓を引くのに便利だという。弓の名手であった前漢の李広が、草むらの中の石をトラと見誤って射抜いた話（六六ページ参照）は有名であるが、彼も猿臂だったらしい。

その「猿臂」のついた四字熟語に、「**猿臂之勢**《えんぴのいきおい》」というのがある。これは戦況をたとえるときの語で、猿が長い臂《ひじ》（つまり腕）を思い通りに動かすように、戦場で遠方にいる味方の軍を自由自在に操ること、あるいは自軍の勢力が遠方にまで及ぶことをたとえていう。

唐代に、河北で安禄山《あんろくざん》の乱が起こったとき、玄宗に仕えていた武将李光弼《りこうひつ》が、この語を用いて、持論の防衛戦法を説いたのが最初といわれる。

囚《とら》われの身

動物園に行くと、チンパンジーをはじめとする種々のサルが、何の屈託もなさそうに檻《おり》の中ではしゃぎまわっているが、心の中ではきっと広々とした外の世界にあこがれているに違いない。

唐の白楽天が江州司馬に左遷された後、友人の元稹《げんしん》にあてた手紙「微之《びし》に与うる書」（「微之」は元稹の字《あざな》）の末尾に添えた詩の一節に、

籠鳥《ろうちょう》檻猿《かんえん》、倶《とも》に未《いま》だ死せず
人間《じんかん》相見《あいみ》るは是れ何《いず》れの年ぞ

（籠《かご》の中の鳥も、檻《おり》の中のサルも、どちらもまだ死んではいないが、こんな世の中、会えるのはいつのことやら）

とあり、宮仕えの役人の、明日をも知れない不自由な身を嘆いている。詩中の鳥とサルは、それぞれ作者白楽天とその友人元稹を指す。

ここから、不自由な生き方を強いられることを、「**籠鳥檻猿**」という。これはまた、才能ある人士が、その才能を十分に発揮できないことのたとえでもある。

この詩句は、『韓非子』説林・下から出た成句「猿を柙《こう》中に置けば豚と同じ」を踏まえていると思われる。「柙」は檻のことで、敏捷なサルを檻の中に入れると愚鈍なブタと同じであることから、いくら賢者でもその才を用いられない状況下では、愚者となんら異ならないことをいう。

役人生活の不自由さを、これまたサルを例にとって言及したものを、もう一つ挙げよう。北宋の欧陽脩《おうようしゅう》の著した『帰田録』に、次のような話が見える。

同じ北宋の詩人梅堯臣《ばいぎょうしん》は、早くから詩人としての名声が高かったが、中央の官職に就かず、地方官暮らしが続いていた。

そうしたある日、突然、『唐書』の編修委員という中央の重職をおおせつかった。そのとき、堯臣が妻に語って言うには、

「吾の書を修むるは、胡孫《こそん》の布袋《ふたい》に入ると謂《い》うべし」

（私が歴史書を編修するのは、サルが布の袋に入ったみたいなものだなあ）

ここから、「**胡孫入袋**《こそんにゅうたい》」（胡孫、袋に入る）という熟語ができた。「胡孫」は、サルのことで、中国の人から見たら、胡人（異民族）がサルのように野蛮に見えるところから出てきた蔑称である。「猢猻」とも書く。「胡孫入袋」は、サルが袋に入って身動きできない意から、野人が官職について自由を束縛されることをたとえていう。

この話にはまだ続きがあって、この堯臣の発言に、すぐさま妻が応じるのだが、その応答がまた

振るっている。

「あなたの今回の奉職は、鯰《なまず》が竹竿《たけざお》に登ったようなものですね」

場違いで、さぞかし居心地の悪いことでしょうと、揶揄《やゆ》とも同情とも取れる返答をしたということだ。

以上、サルにまつわる熟語を見てきたが、サルへの評価はあまり芳しくないようで、あさはかだ、野蛮だ、落っこちた、などといった否定的な意味合いの熟語のオンパレードである。わずかに「断腸」あたりが、褒め上げたものと言えようか。

これは、たぶん近親憎悪と一緒で、人間みたいな格好をしているくせに駄目な奴だなあ、といった気持が、否定的な評価につながっているのかも知れない。イヌやウマなら、畜生のくせにすごいなあというところが、サルになると、こんなこともできないの、となる。

サルの名誉回復のために、サルを君子に見立てた「**猿鶴**《えんかく》**沙虫**《さちゅう》」という変わった熟語を最後に紹介して、この章を締めることにしよう。

周の穆《ぼく》王が南征したとき、全軍戦死し、君子はサルとツルに、小人（徳のない、つまらない人）

は沙《すな》と虫になったという故事（『太平御覧《ぎょらん》』羽族部）から、この熟語は戦死者のことをたとえていう。同じ故事から、死んだ君子を表す「猿鶴」という語も生まれた。

サルとツルがなぜ君子の生まれ変わりなのか定かでないが、思うに、サルは獣のなかで、その姿形や行動が最も人間に近く、ツルは空を翔る鳥のなかで、最も高貴な雰囲気を持つからだろうか。読者のご教示を待ちたい。

酉・トリ・鶏

十二支で「トリ」といえば、だいたいニワトリのことなので、ここではニワトリにまつわる四字熟語を取り上げることにする。

ニワトリは、今も東南アジアに生息している野生のニワトリ、つまりヤケイ（野鶏）が家畜化されたものである。

今の私たちにとってニワトリの最大の効用は、肉と卵を毎日食卓に提供してくれることであるが、昔はそうではなかった。時計のなかった昔は、夜明けを告げてくれることがいちばんの役割であり、たんぱく源としての役割は二の次だった。

『古事記』に出てくる天岩戸《あまのいわと》の神話はそのことを何よりも雄弁に物語っている。天岩戸の前で隠れていた天照大神《あまてらすおおみかみ》を、ニワトリとおぼしき常世長鳴鳥《とこよのながなきどり》が呼び出すのであるが、そこには、この世に光をもたらす天照大神になぞらえられる太陽を呼び出すという、ニワトリの象徴的な役割が描かれているといえよう。

そこで、この章は、夜明けを告げて鳴くというニワトリの特性に関連のある熟語から始めることにしよう。

トキを作る

ニワトリが夜明けを告げて鳴くことを「トキを作る」というが、その「トキの作り方」、つまり、ニワトリの鳴き声が私たちにどう聞こえるかは、国によってさまざまである。わが国では「コケコッコー」であるが、お隣の韓国では「コッキョークーコー」、中国では「コーコーケー」と鳴くらしい。また、遠くヨーロッパのイギリスでは「コッカドゥードゥルドゥー」、フランスでは「コクリコー」、ドイツでは「キッキリキー」と聞こえるという。

国ごとに微妙に異なるが、どの国でも「コ」あるいは「キ」などのk音で鳴き出すところは同じである。各国間の言語の違いの大きさに比べると、ニワトリの鳴き声の聞こえ方には、それほど大きな違いはないといえよう。

ところで、トキを作るのはオンドリであって、メンドリがトキを作ることはまずない。だから、昔の人は、メンドリがトキを作るときは不吉なことが起きると考えていた。

中国の歴史を振り返ってみると、儒教倫理に基づく男系社会であった中国でも、トキを作ったメンドリが何度か登場した。なかでも有名なのが唐の三代皇帝高宗の后《きさき》であった則天武后《そくてんぶこう》で、彼女は中国の長い歴史のなかで、唯一女帝にまで上りつめた女性である。

ほかにも、前漢の高祖劉邦なきあと国政を掌握し、時の人に「呂氏《りょ》にあらずんば人にあらず」と言わしめた劉邦の妻呂后《りょこう》や、時代はぐっと下って、清王朝の末期に、幼帝の後見人として四十七年の長きに渡って垂《すい》簾《れん》政治（女性の摂政）を行った西太后《せいたいごう》などの例がある。

これらは、いずれも女性が権力を握ったがために国

内が乱れたとされる例であるが、このように、女性が政治の中枢にいて国に号令をかけることを、「牝鶏之晨《ひんけいのしん》」（出典は、『書経』牧誓篇《ぼくせいへん》）、または、「牝鶏司晨《ひんけいししん》」（牝鶏、晨《あした》を司《つかさど》る）という。類義語に、『後漢書』楊震《ようしん》伝から出た「牝鶏牡鳴《ひんけいぼめい》」（牝鶏、牡のごとく鳴く）がある。これらの語は、メンドリがオンドリをまねてトキを作ることをいい、国の秩序が乱れたり、国が滅びたりする前兆とみなされた。

いま見たように、夜明けを告げるトキの声に女性が絡んでくると、たいがい、でしゃばり女の意味になるが、例外的に、夫を助ける奥ゆかしい女性のことを意味する語もある。

中国最古の詩集である『詩経』斉風に、昔の賢い王妃が、夜明け時になると、「一番ドリが鳴きましたよ。さあ早く起きて政務に励んでください」と、王を叱咤激励したという内容の詩があり、そこから、王妃もしくは妻の内助の功を、「鶏鳴之助《けいめいのたすけ》」というようになった。

ただ、これには落ちがあって、王妃が聞いたという一番ドリの鳴き声は、実はハエの飛ぶ音であったという。たたき起こされた王にしてみれば、内助の功どころか迷惑至極な話ではある。

トキを作ることとは関係ないが、奥ゆかしい女性のたとえの関連でいえば、清代の翟灝《てきこう》の撰した俗諺《ぞくげん》の解説書『通俗編』禽魚《きんぎょ》から出た「嫁鶏随鶏《かけいずいけい》」（嫁鶏、鶏《けい》に随《したが》う）という熟語がある。「嫁鶏」は、メンドリで、「鶏」は、ここではオンドリを指す。メンドリがオンドリの後について歩き回り、エサをあさることから、妻が夫に従うことをいう。または、女性が男性の庇護の下で安心して暮らすことをたとえていう。類義語に「**嫁狗随狗**《かこうずいこう》」「**夫唱婦随**《ふしょうふずい》」がある。

ニワトリの鳴きまねのうまい男

ニワトリに関する四字熟語のなかで最もよく知られたものに、「**鶏鳴狗盗**《けいめいくとう》」がある。ニワトリの鳴きまねがうまいとか、物を盗むのがイヌのようにうまいといった、特殊な技能の持ち主のことをいう語で、概して、つまらない技芸を揶揄《やゆ》するときに用いられる。

この語の出典は『史記』孟嘗君伝《もうしょうくんでん》で、そこに次のような話が見える。

戦国時代、秦の昭王は、斉の孟嘗君が賢者であると聞いて宰相にしようと思い、彼を秦に招聘した。孟嘗君は斉の一領主に過ぎなかったが、技芸に秀でた食客を数千人も集めていたことで知られていた。

ところが、生え抜きの臣下たちの反対に会い、王はやむなく孟嘗君の起用をあきらめて、そのまま監禁した。秦の政情を垣間見た孟嘗君を帰すわけにはいかなかったのである。

そこで、孟嘗君は王の愛姫《あいき》に救いを求めたところ、愛姫は、王へのとりなしの条件として、天下にまたとない逸品である狐白裘《こはくきゅう》（キツネの白い毛皮で作った外套《がいとう》）を要求した。ところが、あいにく狐白裘は来秦の際すでに昭王に献上していて、いま手元にはない。

孟嘗君が途方にくれていると、同行していた食客のなかにイヌのように盗みのうまい男がいて、宮中の蔵の中からまんまと狐白裘を盗み出してきた。そこでさっそく、それを王の愛姫に献上すると、愛姫はすぐさま昭王にとりなしてくれたので、孟嘗君は監禁状態を解かれた。しかし、いつまた王の気が変わるかわからないので、急いで都の咸陽を脱出することにした。

真夜中過ぎに国境の函谷関《かんこくかん》にたどりついたが、ここの関所は一番ドリが鳴かないと門が開かないきまりであった。そこで、やはり同行していたニワトリの鳴きまねの上手な食客が、夜明けを告げるニワトリの鳴きまねをすると、それにつられて他のニワトリたちも一斉に鳴き始めた。こうして関所の門が開かれ、孟嘗君の一行は無事帰国できたのであった。

「鶏鳴狗盗」は、この故事がもとになっているのであるが、ただ、このような四字熟語の形で最初に用いたのは宋代の王安石《おうあんせき》で、「孟嘗君伝を読む」と題する文章の中で孟嘗君を評して、

孟嘗君は特《た》だ鶏鳴狗盗の雄のみ。

(孟嘗君はただ鶏鳴狗盗といった輩《やから》の頭領にすぎない)

と、散々こきおろしている。

ここから、くだらない技能の持ち主という意味の「鶏鳴狗盗」という語ができた。しかし、一見くだらない技能でも役に立つことがあるという肯定的なニュアンスもあり、その場合、「芸は身を助く」ということわざの「芸」の意味にほぼ近い。

この「鶏鳴狗盗」の故事を踏まえた有名な和歌に、百人一首にも取られている清少納言の、

夜をこめて鳥のそら音ははかるともよに逢坂《おうさか》の関はゆるさじ

（夜のまだ深いうちに、ニワトリの鳴き声をまねて関所を開けさせようとだましても、函谷関ならともかく、逢坂の関は決して開くことを許しはしないでしょう）

という歌がある。

「逢坂の関」は、昔、山城国《やましろのくに》（京都）と近江国《おうみのくに》（滋賀）との境にあった関所で、古来、男女の逢引の意を掛けて用いられる歌枕《うたまくら》として有名である。つまりこの歌は《うまい事言って私を騙しても、あなたに会う気はさらさらありません。私はそんな尻軽女じゃありませんよ》と、色男の仕掛けてきたモーションを少納言が軽くいなした歌なのだ。鶏鳴狗盗の故事を知らないと、この歌の妙味は皆目わからないということになる。

ニワトリとイヌのいる風景

ニワトリに関する四字熟語には、「鶏鳴狗盗」のように、イヌとペアーになったものがいくつかある。これは考えてみると不思議なことである。ニワトリとイヌはどう考えてみても、共通項で括られるような家畜ではないはずだからだ。

これはたぶん、ニワトリとイヌが、私たち人間の最も身近にいる家畜であるということが関係しているのだろう。だから、ニワトリやイヌの動静そのものが、私たち人間の暮らしぶりの一端を示すことにもなる。

そういう熟語の一つに、『老子』八十章から出た「**鶏犬相聞**《けいけんそうぶん》」（鶏犬、相聞《あいき》こゆ）がある。

春秋時代の思想家（実在しないという説もある）老子は、理想社会として「**小国寡民**《しょうこくかみん》」を説いた。領土も狭く人民も少ないが、そこには法や制度とは無縁の自然の治が敷かれていて、人々は自給自足の生活に満足し、外界との往来も断って、生涯その中で平和に暮らすというものである。そのような理想郷を老子は、

「**隣国相望**《あいのぞ》**み、鶏犬の声相聞**《あいき》**ゆるも、民、老死に至るまで相往来**《あい》**せず**」

（隣の国は向こうに眺められ、ニワトリやイヌの鳴き声が聞こえて来るくらい近くても、人々は年老いて死ぬまで他国と行き来することがない）

と表現している。

ここから、ニワトリやイヌの鳴き声があちこちから聞こえて来るのどかな田園風景のことを、「鶏犬相聞」というようになった。

この「鶏犬相聞」でのニワトリとイヌは、平和的、牧歌的な人間の暮らしの象徴であるが、これとは反対に、『明史』熊汝霖《ゆうじょりん》伝から出た「**鶏犬不寧**《けいけんふねい》」（鶏犬も寧《やす》らかならず）は、ニワトリやイヌまでもが安穏としていられない騒然とした雰囲気のことをいい、事態がきわめて緊迫した状況に立ち至っていることを意味する語である。

もう一つ、ニワトリとイヌがペアーになった熟語に、『神仙伝』（晋の葛洪《かっこう》撰）から出た「**鶏犬昇天**《けいけんしょうてん》」（鶏犬、天に昇る）がある。

これは、前漢の淮南王劉安が死んで神仙界に昇天したとき、後に残されたニワトリとイヌまでもが、劉安の服用していた仙薬をなめて昇天できたという故事から、他人の権勢で自分も利益を得ることをいう。「**狐仮虎威**《こかこい》」（四六ページ参照）とか、わが国の「寄らば大樹の陰」ということわざに近い。

小国の主か、大国の臣か

ウシは家畜の中でも体が大きく、ニワトリは格段に小さい。その体の大きさを比較して、そこから戦国時代の処世訓を導き出した話がある。

『史記』蘇秦《そしん》伝に、次のような話が見える。

戦国時代の遊説家蘇秦は、南北に連なる韓・魏・趙・燕・斉・楚の六国が、それぞれ自国の存立を維持するために、縦に同盟して西の強大な秦に対抗する、いわゆる合従《がっしょう》策を唱えた。その際、韓の宣恵王を次のように口説き落とした。

「世間のことわざに、

『寧《むし》ろ鶏口《けいこう》と為るとも、牛後《ぎゅうご》と為る無かれ』

(いっそのこと鶏のくちばしにはなっても、牛の後《しり》にはなるな)

とか申します。

いま、韓は西の秦に対して、卑屈にも腕を交えて拝礼する臣下の礼をとっています。これはどうして牛の後と異なるでしょうか」

そこで韓王も腹を決めて、秦の顔色をうかがうことをやめたという。

この故事から、強大なものに隷属するよりは、弱小なものでもその長であったほうがましだという意味の、**「鶏口牛後《けいこうぎゅうご》」**という熟語ができた。

考えてみれば、競争原理に基づくシビアなこの現代社会で、われわれが生き抜いていくためには、人生の各節目で、常に「鶏口牛後」的な選択に迫られていると言ってよい。

たとえば、高校への進学を考える際、自分の能力では後塵《こうじん》を拝するのがわかっているような進学校にあえていくのか、それとも、自分の能力に合った、個性を開花させうる学校を選んだほうがよいのか、といった問題や、就職先を探す際に、安定性と高給は保証されるものの、出世の見込みのない大企業を選ぶのか、それとも不安定で給料は少ないが、将来は社長の座もねらえるかもしれない中小企業にしたほうがよいのか、といった問題は、誰しも一度は直面する問題である。そのような人生の岐路に差し掛かったとき、この「鶏口牛後」の考え方は、一つの示唆を与えてくれるかもしれない。

大は小を兼ねず

体の大きさの違うニワトリとウシをたとえに引いた語に、もう一つ、国の規模に応じて政策も変わってくることをいう、**「牛刀割鶏《ぎゅうとうかっけい》」**（牛刀もて鶏《にわとり》を割《さ》く）という語がある。

『論語』陽貨《ようか》篇に、次のような話が見える。

孔子が武城《ぶじょう》の町に行ったとき、琴の音と歌声とが聞こえてきて、人々が礼楽（儀礼と雅楽《ががく》）の講習を受けている様子であった。礼楽は国家を治めるための方法であったので、当時、武城の長官をしていた弟子の子游《しゆう》に、孔子が、

「**鶏を割くに焉《いずく》んぞ牛刀を用いんや**」

（ニワトリを割くのにどうして牛切り包丁を使う必要があろうか）

と問い質したという。

この場合、「鶏」は「武城」を、「牛」は「国」を、「牛刀」は「礼楽」をそれぞれたとえていて、「礼楽は天下国家を治めるための方法であるのに、このような小規模な町を治める方法として用いるのは、少し大げさ過ぎるのではないか」と、やや冗談めかして言ったのである。

この故事から、「牛刀割鶏」という語ができた。大きな牛刀で小さなニワトリをさばくことから、些細な物事を処理するのに大げさな方法を用いたり、大人物に依頼したりすることをたとえていう。

さて、この孔子の質問に対して、子游はどう答えたか。『論語』では次のように続く。

「以前、先生から次のように教わりました、
『為政者が礼楽を学ぶと人々を愛するようになり、人々がそれらを学ぶと態度が恭順になる』と。

そうだとすれば、儀礼と雅楽はどんな立場の人でも学ぶべきものではありませんか」

この子游の真正直な返答ぶりに、孔子もふざけた態度を改め、にっこり笑って言った。

「お前たち、いま偃《えん》（子游）の言ったことは、まったくその通りだ。私のさきほどの発言は、偃をからかってみただけのことだよ」

孔子というと、君子然とした堅物と思いがちだが、ここには、冗談を言って弟子たちをからかう、人間くさい一面がよく出ていて、たいへん興味深い。またこの話から、孔子と弟子たちとの師弟関係は、厳格なものというより、けっこう穏やかな、和気藹々《あいあい》としたものだったようすがよくわかる。

いいものの引き立て役

歌劇や演劇などでは、主人公の存在を引き立てるために、その他大勢の端役《はやく》が主人公の脇や後方に配置される。また、運動会を仕切る応援団長の華やかさは、平の団員が脇を固めてはじめて際立ったものになる。

それらの端役や平団員は、主人公や団長にとってなくてはならない存在なわけだが、重要なことは、彼らは当の引き立てる相手よりも必ず劣ったもの、凡庸なものでなければならないということである。端役のほうがカッコよかったり、平団員の体軀のほうが目立ったりしてはいけないのである。

ところで、ニワトリは日常どこにでもいる、ごくありふれた鳥なので、そういう端役や平団員の役を担わされることがある。

『晋書』嵆紹《けいしょう》伝に、次のような話が見える。

紹が十歳のとき、魏王朝に仕えていた父の康《こう》が冤罪で処刑された。康は竹林の七賢（竹林に隠れて哲学談義にふけったという七人の賢者）の一人として世に知られた人物である。

その後、王朝が魏から晋に代わり、同じ七賢の一人の山濤《さんとう》が、紹の行く末を案じ、晋の武帝に紹を推挙してくれたので、めでたく仕官がかなった。

その紹が都洛陽に上りたての頃、彼をたまたま見かけたある人が、七賢の一人の王戎《おうじゅう》にこう言ったという。

「きのう人ごみの中で嵆紹の姿をはじめて見たのですが、その意気軒昂《けんこう》な様子は、

昂昂然《こうこうぜん》として、野鶴《やかく》の鶏群《けいぐん》に在るがごとし」

(まるで野生のツルがニワトリの群れのなかにいるみたいに、一等抜きん出て輝いていましたよ)

ここから、ニワトリの群れの中に一羽のツルが混じっているという意の「**鶏群一鶴**《けいぐんいっかく》」(鶏群の一鶴)という熟語ができた。ニワトリは陳腐で精彩を欠いたもの、ツルは珍奇で優れたものをそれぞれたとえていて、多くの凡人の中に一人だけ優れた人物が混じって

いることをたとえていう。わが国の「掃きだめにツル」と同義である。

なお、この話には続きがあって、これを聞いた王戎はその人に、「きみはあれの親父を知らないだけのことさ」と得意げに言ったという。紹の父の康は身の丈七尺八寸（約一八八センチ）、風貌容姿がとりわけ優れていて、見るものが感嘆してやまなかったというから、むしろ父の康の方が「鶏群一鶴」と呼ぶにふさわしい人物だったのかもしれない。

身近なものは捨て置かれる

私たちは、ややもすると身近なものや見慣れたものに重きを置かず、遠くはなれたもの、見知らぬものにあこがれたり、敬意を払ったりしがちである。

その辺の人情の機微を、南北朝時代の北斉の文人顔之推《がんしすい》は、その著『顔氏家訓』のなかで、次のように述べている。

世人の多くは遠くにあるものを尊重し、近くにあるものを軽蔑する。子供の頃から一緒に育って見知っていると、相手がどんな賢哲であっても崇敬の念を抱かない。ところが他郷の賢人となると、その風評を真に受けて、憧憬してやまない。

しかし、実際はどうかというと、他郷の賢人が近くの賢人に劣るというようなことがしばしばある。

魯人《ろひと》、孔子を謂《い》いて東家《とうか》の丘《きゅう》と為《な》す所以《ゆえん》なり。

（魯の国の人が孔子のことを「東隣の家に住む丘」と呼び捨てにしたのも、こういう理由からである）

つまり、同郷の人々は、孔子の聖人ぶりを知らずに、孔子のことを呼び捨てにしていたというのである。

ここから、身近にいる賢人の真価を知らずに軽蔑することを、「東家之丘《とうかのきゅう》」という。「丘」は、孔子の名で、字《あざな》（呼び名）は「仲尼《ちゅうじ》」という。

実は、「東家之丘」はこれが初出ではなく、すでに『三国志』魏志・邴原《へいげん》伝のなかに出てくるのであるが、顔之推がここで取り上げて以来、一般に知られるようになった。

私がなぜこの「東家之丘」を持ち出したかというと、ニワトリにまつわる熟語にも、これと似た趣旨の語があるからだ。

宋代に編纂された『太平御覧《たいへいぎょらん》』（李昉《りほう》らの編）に、次のような話が見える。

晋の庾翼《ゆよく》は書の大家であったが、その後、王羲之《おうぎし》が大いに書家としての名声を博し、人々がこぞって彼の書風を学ぶようになった。それを苦々しく思っていた庾翼は、友人宛の手紙のなかで、

小児が輩《はい》、家鶏《かけい》を厭《いと》い、野雉《やち》を愛す。

(今の若い連中は、家にいるニワトリを嫌い、野生のキジを好んでいる)

と、世人が珍奇なもの(キジ)に走る風潮を嘆いたという。

ここから、身近なもの古くからあるものを嫌い、遠くにあるもの目新しいものを好むことを、「**家鶏野雉**《かけいやち》」という。ここでのニワトリもやはり、ごくありふれた、つまらない鳥とみなされているのである。

なお、「雉」のかわりに「鶩《あひる》」を用いて、「**家鶏野鶩**《かけいやぼく》」ともいう。

貧弱なからだ

今の飼料漬けのニワトリと違って、庭に放し飼いしていた頃のニワトリは、満足なエサもなく、たいていやせ細って貧弱な体つきをしていた。

羽に覆われているのに、なぜそんなことがわかるかというと、私の生家では、大晦日になると、飼っていたニワトリのうちの一羽を殺して食べるのが恒例になっていて、父がニワトリの羽をむしりとるのを、子供の好奇心から、そばでよく見ていた経験があるからだ。

そこで、ニワトリの貧弱なからだつきをたとえに引く熟語をいくつか紹介しよう。

まず、唐の玄宗皇帝の詩『傀儡吟《かいらいぎん》』に、次のような一節がある。

木を刻み、糸を牽《ひ》き、老翁と作《な》る
鶏皮鶴髪《けいひかくはつ》、真と同じ

（木を切り、繭《まゆ》から糸を引き出して働くうちに、いつのまにか老人になった。ニワトリのような皺《しわ》、ツルのような白髪は、まさにほんものと同じである）

卑賤な老翁の身に仮託して詠んだ詩で、とても皇帝の詩とは思えない、深い憂いを湛えた内容であるが、ここから、老人のことを意味する「**鶏皮鶴髪**」という熟語ができた。

「鶏皮」は、ニワトリの皮膚のように皺が多くて艶のない肌をいい、「鶴髪」は、ツルの白い羽のような白髪をいう。どちらも老人の特徴である。

ところが、同じ「鶏皮」の付く語でも、「**鶏皮三少《けいひさんしょう》**」（鶏皮、三たび少《わか》し）となると、いまの「鶏皮鶴髪」とは、意味がまったく反対になる。
春秋時代の陳《ちん》の妖艶な女性、夏姫《かき》のことを述べた『韻府引・列女伝』に、次のような記述がある。

夏姫は方術を身につけて、老いて三度も若返った。俗諺《ぞくげん》にも言っている、

「夏姫、道を得て、鶏皮、三たび少《わか》し」と。

（夏姫は仙術を会得して、その鶏皮は三たび若返った、と）

ここから、「鶏皮三少」という熟語ができた。「鶏皮」は、先ほど解説したように老人の皺だらけの皮膚をいい、「少」は年齢が若いことで、「三少」は三度若返ること。つまり、この語は、皺くちゃ老人が何度も若返ることをいう。

もう一つ、ニワトリの貧弱なからだつきに関するもので、『世説新語』徳行編に、竹林の七賢の一人である王戎《おうじゅう》の、次のような逸話が見える。

王戎と和嶠《わきょう》は、ともに親に死なれ、立派に喪に服したが、その服喪の仕方は違っていて、

王は鶏骨《けいこつ》床《しょう》に支え、和は哭泣《こくきゅう》礼を備う。

（王戎は、悲しみでやせ衰えた体を、やっと寝台の上に支えているといった状態で、和嶠の行った哭泣は、十分礼にかなっていた）

この故事から、喪に服して憔悴しきっているさまを、「**鶏骨支床**《けいこつししょう》」（鶏骨、床《しょう》に支う）という。「鶏骨」は、ニワトリの骨のようにか細いからだつきのことをいう。「床」は、寝台のこと。

劉毅《りゅうき》は、二人の服喪ぶりについて、和嶠の方はまだ生気が失われていないので、「生孝」であるとしたが、王戎の方は、やせ衰えて骨ばかりになり、今にも死にそうな様子なので、「死孝」と評したという。

さて、ニワトリにまつわる熟語を概観すると、からだの小ささや貧弱さ、トキを作る特徴などを踏まえた語が多かったが、現代の私たちから考えて不思議なのは、ニワトリと卵の関係、あるいは鶏卵そのものにまつわる語が見あたらないという事実である。

これは、冒頭でも述べたように、ニワトリの存在意義が、今と昔とでは異なるということの反映なのかもしれない。今のニワトリの第一の役割は卵を産むことであるが、昔は、時を告げたり、神前に供えたりするためのものだった。

このように、ニワトリにまつわる熟語を通して、今昔の文化の違いというものを垣間見ることもできるのである。

戌・イヌ・犬

イヌの起源については、今のところ有力な二つの説がある。

一つは、大昔に生息していたイヌ科の祖先にあたるトマークタスという動物から、オオカミやジャッカルなどと枝分かれし、独自の進化を遂げて今のようなイヌの姿になったという説、もう一つは、人間がオオカミの子孫を育てて、イヌという新しい種を作り出したという説の二つである。

どちらの説が正しいかは早計に決められないが、いずれにしろ、人間とイヌは、お互いの利益を確保し合うために、かなり早い時期から生活を共にしていたようだ。

イヌは、その用途によって、番犬、猟犬、牧畜犬、ペット用の愛犬などに区別される。また、一部の地域では食用に供されることもある。韓国の食犬文化が一時期論議を呼んだが、イヌを食べる習慣は何も韓国に限ったことではなく、昔は東アジア一帯にふつうに見られた食風だったらしい。

ところで、イヌを表す漢字には、「犬」と「狗」の二文字がある。その違いは、「犬」が、尾を立てて吠えているイヌの姿をかたどった象形文字であるのに対し、「狗」は、意符の「犭」(犬の意)と音符の「句」(ク、コウ)から成る形声文字である点にあり、そこから言えば、象形文字の「犬」の方がよりベーシックな文字だといえよう。

なお、「狗」の音符の「句」は、音符とはいえ、「小さい」意を含み持っているので、「狗」には、「小さい犬」の意がある。

イヌが吠えるのはなぜ?

よその家の前を歩いていて、突然イヌに吠え掛けられた経験は誰しもあるだろう。こっちは身に覚えもないのに激しく吠えられると、いくらイヌ好きな人でも、やはり嫌な気持ちになるはずだ。

ところで、イヌはどうして人を見たら、まるでドロボウと言わんばかりに吠え立てるのだろうか。

「吠える」という行為は、もともと自分の生命を脅かすものに対する威嚇であり、なにもイヌに限ったことではない。イヌに類似しているオオカミをはじめ、「犬猿之仲《けんえんのなか》」(後述)といわれるサルや、ペットとしての数ではイヌとそのシェアを二分するネコなど、獣は概して、自分や自分の身内、および自分の居住領域を侵すものに対しては、追い出そうとして激しく鳴いたり吠えたりするものである。

しかしながら、イヌは他の獣と違って、自分の身内の範囲を、飼い主とその家族にまで推し広げ、自分は飼い主のファミリーの一員であるという意識のもとに行動する。それで、自分に害を及ぼさなくても、飼い主を筆頭とするファミリーに敵対するもの、ファミリーの領域を脅かす恐れのあるものに対しては、吠え掛かるのである。

つまり、イヌが知らない人に吠え掛かるのは、主人のテリトリーを守ろうとする忠誠心からであるといえよう。

ところが、そのような性質が却ってアダとなって、主人に吠えてしまった間抜けなイヌがいた。『韓非子』説林・下に、戦国時代の思想家楊朱《ようしゅ》の弟の楊布《ようふ》にまつわる、次のような話がみえる。

楊布が白衣で外出し、雨に降られたので、着替えて黒衣で帰ってくると、飼いイヌが主人とも知らずに吠え立てた。そこで、楊布がイヌを殴ろうとすると、兄の楊朱がそれを制して、

「白いイヌが泥だらけになって、黒くなって帰ってきたら、お前だって怪しむだろう」

と言ったという。

この故事から、「**狗吠緇衣**《くはいしい》」（狗《いぬ》、緇衣に吠ゆ）という熟語ができた。「狗吠」は、イヌが吠えること、「緇衣」は、黒い衣服のことで、服装が白衣から黒衣に突然変わったら、忠誠心の厚い飼いイヌでも主人に吠えたように、外見が変われば内面までもが変わったと考えるのが、人情の常であることをたとえていう。「**楊布之狗**《ようふのいぬ》」ともいう。

　この語は、外見の変化を内面の変化と結び付けて考えがちな世人の心の惑いを、飼いイヌの行動を通してうまくとらえていておもしろい。たとえば、頭の毛を茶髪に染めてきた友人を見て、今まで質実剛健《しつじつごうけん》とばかり思っていたその友が、急に軽佻浮薄《けいちょうふはく》な人間に見えてくる、といった類のことをいうときの語である。

　ところで、先ほど「**犬猿之仲**」という熟語が出てきたが、この語は、いわれがもうひとつはっきりせず、

漢籍にも用例が見当たらない。平安後期に成立した『今昔物語集』二六の七に、「本ヨリ犬ト猿トハ中不吉者《よからぬ》ヲ」という用例があるので、わが国で出来た熟語ではないかと思われる。

私なりにこの熟語の成立事情を類推してみるに、ふだんは山奥で生活するサルが、自然の異変か何かで食べ物がなくなり、食糧を漁りに人家の近くまで出てきて、家の番をしていたイヌと喧嘩になる、ということが昔はよくあったのではないか。そこから、きわめて仲の悪い間柄を「犬猿之仲」と言い習わすようになったのではないかと思う。

つまらないイヌほど、よく吠える

中国は漢字を生み出したお国柄だけあって、昔から詩や文章の作成能力が、知識人のステータスシンボルとして尊重された。その結果、歴史上多くのすぐれた文人が現れたが、なかでも、唐代の中頃に活躍した韓愈《かんゆ》と柳宗元《りゅうそうげん》は有名で、彼らは一致協力して、当時主流であった形式優先の文体を捨て、古代の生き生きとした文体にもう一度戻ろうという文章改革運動を起こした。

当初、彼らの始めた運動は、他の文人からは奇異な目で見られ、なかなか受け入れられなかった。新しいことを始める者が常に宿命として受ける洗礼を、彼らも受ける羽目になり、当時の文壇から無視され変人扱いされたのである。

そういう状況のもとで、韓愈が韋中立《いちゅうりつ》という人物に自分の考えを述べた書状が残されている。

韓愈は言う、

蜀中の山高く、霧重く、日を見る時少なし。日出ずるに至る毎《ごと》に、則ち群犬疑いて之《これ》に吠ゆ。

（蜀の地域一帯は、山が高くそびえ、霧が重く垂れ、太陽を拝める時はまれである。それで、太陽が出てくると、そのたびにイヌたちが太陽のことを怪しんで吠える）

ここから、「**蜀犬吠日**《しょくけんはいじつ》」（蜀犬、日に吠ゆ）という熟語ができた。蜀は、今の四川省成都辺りのことで、そこら一帯は不順な天気が多いという。「蜀犬」は、当時の無理解な文人たち、「日」は文章改革運動を進めている自分たちをたとえている。

つまり、蜀に住んでいる犬が、日ごろ見かけない太陽を見て怪しんで吠えるように、当時の文人たちが、古文復興を唱える自分たちを疑い、非難しているのを揶揄してこう言ったのである。

したがって、「蜀犬吠日」とは、見識の狭い人が、優れた人の言動を理解することなく、むやみに疑って非難することをいう。また、見識が狭く、なんでもやたらと珍しがったり、驚いたりすることをいう場合もある。

実は、柳宗元も韋中立に同様の趣旨の書状を書き送っている。その中で柳宗元は、南越（中国南方の、今の広東省辺り）は気候が温暖で、雪などめったに降らないので、そこら辺りに住んでいる犬は、たまに雪が降ると怪しんで吠え立てることを述べている。

ここから、「**越犬吠雪**《えつけんはいせつ》」（越犬、雪に吠ゆ）という熟語ができた。趣旨はさきの「蜀犬吠日」と同じである。

ところで、柳宗元はこの返書の中に、戦国時代の楚の人、屈原《くつげん》の詩「懐沙《かいさ》」（『楚辞』所収）の中の、次のような詩句を引用して、自分と韓愈の立場を屈原になぞらえている。

邑犬《ゆうけん》群がり吠ゆ
怪しむ所を吠ゆるなり
（村里のイヌが群がって吠えている、あれは怪しいものに吠え立てているのだ）

屈原は楚の宰相であったが、政敵の讒言《ざんげん》で失脚し、国の前途を悲観して、汨羅《べきら》（今の湖南省の東北部）の淵に身を投じた。その死ぬ直前に作った詩が、この「懐沙」である。したがって、詩句中の「邑犬」は、そのときの屈原の政敵たちを指しているのは言うまでもない。

この詩句から、「**邑犬群吠**《ゆうけんぐんばい》」という熟語ができた。これは、小人物がこぞって集まり、賢人の悪口をあれこれ言い立てることをたとえていう語で、「蜀犬吠日」や「越犬吠雪」と同趣旨の熟語である。

この「邑犬群吠」の類義語に、「**吠影吠声**《はいえいはいせい》」（影に吠ゆれば、声に吠ゆ）という熟語がある。

後漢の王符の撰した『潜夫論』に、

一犬、影に吠ゆれば、百犬、声に吠ゆ。

（一匹の犬が何かの影を見て吠えると、その声につられて、他の多くの犬が一斉に吠え出す）

とあり、一人が言い出すと、事の真偽も確かめず周囲が軽々に同調して、そのことを言い広めることをたとえていう。「**付和雷同**《ふわらいどう》」に同じである。

昔はドロボウ、今はおまわりさん

昨今のイヌは、怪しいものに吠え掛かり、ドロボウを撃退してくれるというその働きぶりが評価されてか、なかなか好いイメージを持たれているようである。「イヌのおまわりさん」という童謡もあるように、漫画や子供向けの絵本でのイヌの役柄は、社会の治安と人々の財産を守り、悪者をやっつけてくれる正義の味方、と相場は決まっている。

ところが昔はそうではなかった。とくに中国では、イヌは卑しいもの、取るに足りないつまらないものといった考え方がふつうだった。

たとえば、さきの「ニワトリ」の章で見た「鶏鳴狗盗《けいめいくとう》」という熟語（二〇九ページ参照）では、イヌは、人の目を盗んで肉をさらっていく「こそ泥」のような卑しい奴、といったイメージで捉えられている。

また、『世説新語補』軽詆《けいてい》から出た「驢鳴犬吠《ろめいけんばい》」（驢鳴き、犬吠ゆ）は、驢（ロバ）が鳴いたり、イヌが吠えたりしても、耳を傾けるほどのことでもないという意味で、そこから、取るに足りない文章や、聴く値打ちのない話などをたとえていう語である。ここでも、イヌは、つまらないものの代表である。

もう一つ例を上げれば、『晋書』趙王倫《ちょうおうりん》伝に、次のような話が見える。

晋王朝のもとで、趙王倫の一族が勢力を得て、みな高位高官に就き、テンの尾で飾った冠をつけたので、世人が皮肉って言うには、

「貂《ちょう》足らず、狗尾《くび》続かん」

（この様子ではテンが足りなくなって、後はイヌの尾の飾りを冠につけるほかない）

ここから、**「狗尾続貂《くびぞくちょう》」**（狗尾、貂に続く）という熟語ができた。「貂」は、イタチ科のテンのことで、その毛皮は珍重された。高官の被る冠を飾る高価なテンの尾が手に入りにくくなったので、その代用として犬の尾を用いるという意で、立派なものがなくなった後を、劣ったもので埋めあわせることをたとえていう。ここでもやはり、イヌは劣ったもののたとえとして登場している。

なお、これは**「続貂之譏《ぞくちょうのそしり》」**ともいい、官位官爵をみだりに授けることのたとえでもある。

このように、イヌにまつわる四字熟語には、今と違ってイヌを貶めていう語が多いが、これはなにも中国だけの傾向ではなく、昔のわが国でも、たとえば「犬侍《いぬざむらい》」といえば、肝心なときにこっそり逃げ出して、恥を知らない卑怯な侍のことだし、「犬死《いぬじに》」は、何の役にも立たない無駄な死に方をいう、というように、イヌの評価はやはり低かったようだ。

イヌは人間の召使い？

イヌはどうして今述べたように、卑しいもの、つまらないものというレッテルを貼られてしまったのだろうか。それは、おそらく、イヌが主人の命令にきわめて忠実で、絶対に逆らうことがないという性質に原因を求めることができそうだ。

韓愈の「科目に応ずる時人に与ふる書」を典拠とする「俛首《ふしゅ》帖耳《ちょうじ》」（首を俛《こうべ》し《ふ》、耳を帖《た》る）という熟語は、イヌのそのような性質を踏まえた語である。「俛」は「俯」と同じで伏せること、「帖」は垂れることで、犬が頭を伏せ、耳を垂れて、飼い主に服従するさまをいい、そこから、人にこびる卑しい態度をたとえていう。

また、後漢末の陳琳《ちんりん》の「袁紹《えんしょう》の為に予州に檄《げき》す」（『文選』所収）から出た「鷹犬之才《ようけんのさい》」という語も、狩猟のとき主人の指図どおりに行動するタカやイヌを例にとって、他人の手先となって働く才能のことをたとえていう。

このように、主人に忠実であるとか、言うことをよく聴くとかいった態度は、聞こえはよいが、見方を変えれば、主人のご機嫌をうかがって、主人の言うがままに動く卑屈な態度でもあるわけで、そのような奴隷根性こそが、犬の評価を貶めてきたのではなかろうか。

そして、これが重要なのだが、イヌの忠誠心は相手を選ばない。つまり、どんな悪人であろうと、自分にエサを与えてくれる人が主人なのであり、その人の命令には絶対に服従するのである。

そういう意味では、イヌの忠誠心は盲目であるといえよう。

その辺の事情をうまく表現した熟語に、『戦国策』斉策から出た「**跖狗吠堯**《せきくはいぎょう》」（跖の狗《いぬ》、堯に吠ゆ）がある。

「跖」は、春秋時代の大盗賊として名を馳せた盗跖《とうせき》のこと。悪逆非道で、白昼堂々と人を殺し、子分を数千人も従えて、天下に横行したという。

「堯」は、古代の理想的な聖天子とうたわれた堯帝のことで、その政治は、治世下の老人が、食べ物をほおばり、腹鼓《はらつづみ》を打ち（鼓腹《こふく》）、地面を足で踏み鳴らし（撃壌《げきじょう》）ながら、天下泰平の世を謳歌したという、いわゆる「**鼓腹撃壌**《こふくげきじょう》」の故事からもわかるように、その支配を人々にまったく感じさせないほどの善政が敷かれていたという。

つまり、「跖狗吠堯」は、盗跖に飼われている犬が、聖天子の堯帝にさえ吠えかかるという意で、そこから、事の善悪に関係なく、自分の仕えている主人に忠誠を尽くすことをいう。このような「忠」は、まさに危ういと言わねばならない。

ただ、注意しなければならないのは、忠誠心そのものは、封建的社会においてはむしろ称揚された徳目であるということである。

たとえば、昭和初期、わが国で軍国主義が世の中を席捲《せっけん》していた頃、忠犬ハチ公の美談が大いにもてはやされたことがある。

ハチ公は、一九二三年（大正十二年）生まれの秋田犬で、生後まもなく東京帝国大学農学部の上野英三郎教授のもとにもらわれてきたが、その約一年半後に、飼い主の上野教授が急逝してしまう。しかし、ほかの家に預けられてからも、十一歳で死ぬまで毎日、渋谷駅の改札口で上野教授の帰りを待っていたという。

このハチ公の行動が一九三二年（昭和七年）に朝日新聞で紹介されると、当時の忠君愛国思想の普及という国策と相まって大いに喧伝され、渋谷駅前に銅像まで建立された。

ここには、イヌの忠誠心をたたえることで、イヌよりましな人間は、なおさら天皇や国家に忠誠を尽くさなければならないという、為政者側の押し付けがましい論理が透けて見える。そして、それはとりもなおさず、忠誠心が封建制の屋台骨を支えている精神的支柱であることをよくものがたっている。

イヌとウマの忠誠度

人間の命令をよく聴く家畜には、イヌのほかにウマもいる。それで、忠誠心をたとえる語に両者はよくペアーで登場する。そのような語をいくつか見てみよう。

昔の朝廷人は、宮仕えのわが身をイヌやウマにダブらせて見ていたようで、主君に忠誠を尽くす心情を、「**犬馬《けんば》之心《のこころ》**」（『漢書』汲黯《きゅうあん》伝）、「**犬馬《けんば》之情《のじょう》**」（南宋の林景熙《りんけいき》「夢中作詩」）、「**犬馬《けんば》之誠《のまこと》**」（南斉の謝朓《しゃちょう》「隋王《ずい》を辞するの牋《せん》」）などと表現した。ここには、自分を犬馬と同等の卑しい存在とみなす謙譲の気持ちが見てとれるが、それはとりもなおさず、主君に対する忠誠心の表明でもあった。

また、『韓非子』五蠹《ごと》篇から出た「**犬馬之労**《けんばのろう》」も、やはり主君に対する労力を惜しまないことを謙遜していうときの表現で、たとえば、『三国志演義』（明の羅貫中《らかんちゅう》作）のなかで、劉備玄徳《りゅうびげんとく》が諸《しょ》葛孔明《かっこうめい》を「**三顧之礼**《さんこのれい》」で招聘した際、孔明は、

「**願わくは犬馬の労を効《いた》さん**」

（どうか私に犬馬の労をとらせてください）

と、ねんごろに受諾している。

もう一つ、自分の年齢をへりくだっていう語に、『漢書』趙充国《ちょうじゅうこく》伝から出た「**犬馬之歯**《けんばのよわい》」という熟語がある。これは、前漢の武将趙充国が、時の景帝に奉った上表文に、

犬馬の歯《よわい》七十六、詔《みことのり》をうけて出陣し、渓谷に死骨をさらして、帰らぬ身となりましょうとも、思い残すことはございません。

と使ったのが最初といわれ、もともと皇帝に一身を捧げる臣下の年齢を謙遜して言ったものだった。それが今では、イヌやウマといった家畜同様、為すこともなく無駄に年をとってしまうことを自嘲気味にいう語になっている。ふつう、「馬齢《ばれい》」という二字熟語で用いられることが多い。

「歯」は「齢」に同じで、ここでは年齢のことである。なぜ「歯」が年齢を意味するのかというと、獣畜は、歯の生えている数によって、その年齢を知りうるからであるという。樹木でいえば、「年輪」に相当するといえようか。

同義語に、曹植《そうしょく》の「黄初六年令」から出た「**犬馬之年**《けんばのとし》」がある。

このように、イヌとウマは飼い主に対する忠誠心が厚いことから、主君に対する臣下の忠誠心を強調したり、自分に関連することを謙遜して言ったりするときのたとえとしてよく用いられるわけだが、では、イヌとウマとでは、どちらがより忠誠度が高いのだろうか。

その答えは、たぶんイヌのほうに軍配が上がるだろう。なぜなら、ウマはひとたび馴致《じゅんち》されれば、乗り手が誰であろうと、手綱を繰る人間の指図どおりに動くが、イヌは人間を峻別して、自分の主人の指図しか受けず、主人以外の人間の指図なら無視するか、敵愾心《てきがい》をあらわにして吠えかかるからである。

つまり、ウマは人間に対して従順であるが、イヌは人間のなかの主人に対して従順なのであり、その忠誠心には質的な違いがあるというわけだ。このことからも、忠誠心のたとえとして、家畜のなかでイヌがもっともよく使われる理由がわかろう。

ほんとうの親孝行

いま、忠誠心に関係する「犬馬」のつく熟語をみてきたが、「犬馬」を単に家畜の代表として引用した熟語もある。

『論語』為政編に、次のような問答がみえる。

あるとき、弟子の子游《しゆう》が、孝行とはどのようなものなのか、孔子に尋ねた。すると、孔子は、こう答えた。

「いまの孝行というのは、衣食住といった物質的なもので親に不自由をかけないことを主眼にしているが、

犬馬に至るまで、皆能く養《よ》うこと有り。

（相手がイヌやウマであっても、おいしそうな肉や草を与えて、ちゃんと面倒を見ているではないか）

そこに敬う気持ちがなければ、どうして親に対する孝行と、犬馬に対する養いとを区別できようか」

ここから、ただ養うばかりで敬う心の欠けている親孝行の仕方を、「**犬馬之養**《けんばのよう》」という。

この問答から浮かび上がってくることは、孔子の生きていた当時でも、親孝行に心がこもっていず、物質的なもので糊塗する風潮があったという事実である。これは、まさしく現代の親孝行事情と酷似しているではないか。

いつの時代でも、人間のすることや考えることに大差はないのだなあと、つくづく思う。昔の人が精神的に優れていたわけでは決してないのだ。「今の若いものは……」という老人の嘆き節は、いつの世にもあったし、今の若人が老人になったら、また同じ嘆き節を発することだろう。

弟子とはぐれた孔子

司馬遷の『史記』孔子世家《せいか》によれば、孔子は二十歳を過ぎた頃、生国の魯《ろ》で下級役人の職にありつき、わずかながらも俸禄を食む身となった。しかし、国政の混乱などもあり、志を得ない日々が長く続いた。

孔子に運がめぐってきたのは五十一歳になってからで、中都という町の宰《さい》（長官）に抜擢されて、ようやく正式の仕官がかなった。その後はトントン拍子に昇進し、五十三歳のときには、大司《だいし》寇《こう》（司法の最高責任者）の地位にまで上りつめた。

しかし、日は昇り、また沈むのが世の常で、五十五歳のとき、隣の強国斉の陰謀に巻き込まれて職を辞す羽目になり、それを契機に十四年間にわたる諸国遊説の旅に出ることになる。

孔子は、各地の諸侯に、自分の政治理念を説いて回ったが、どこの君主も孔子の考えを受け入れてくれなかった。そういう不本意な旅が続いていたある日の、ある印象的な出来事が、まるで映画の一シーンのように、司馬遷の筆によって、次のように記録されている。

孔子が鄭《てい》の国に行ったときのこと。孔子は弟子たちとはぐれ、ひとり城郭の東門に立っていた。孔子を探していた弟子の子貢《しこう》に、鄭のある人が教えて言うには、

「東門にそれらしき人物がいました。その人の額は太古の聖天子・堯に似ていて、その首筋は聖天子・舜《しゅん》の賢臣であった皐陶《こうよう》に、肩はわが鄭の名宰相の子産《しさん》に似ていました。でも、腰から下は聖天子・禹《う》に三寸ほど及ばず、

纍纍然《るいるいぜん》として喪家《そうか》の狗《いぬ》のごとし」

（その憔悴したさまは、ちょうど、喪中の家で飼われているイヌのようでしたよ）

この故事から、「喪家之狗《そうかのいぬ》」という熟語ができた。「喪家」は喪に服している家のこと。喪中の家では、悲しみのあまり、イヌにエサをやるのも忘れてしまい、イヌがやせ衰えてしまう。そこから、やつれてしまって元気のない人や、志が得られず落胆している人をたとえていう。

これには別の解釈があって、「喪」を「失う」の意にとり、「家を失ったイヌ」、つまり宿無しの野良犬とする説もある。それでいくと、寄る辺を失って、世間を放浪している浮浪者のたとえになる。

さて、この話を後で聞いた孔子が、どう反応したか、たいへん興味のあるところだ。司馬遷はそれを次のように記述している。

子貢がありのままを孔子に告げると、孔子は笑って言った。

「容姿についての批評はどうかと思うが、表情が『喪家の狗』のようだったとは、まことに、その通りだなあ」

言い得て妙であると、まるで他人事みたいに大笑いしているのである。ふつう、落ちぶれた野良犬みたいだといわれたら、ひどく立腹するか、あのときは考え事をしていたんだと、言い訳のひとつもするのであろうが、素直にそのことを認めて、しかも、他人の目にみすぼらしく映った自分を笑い飛ばすところに、孔子の人間的度量の大きさがうかがわれる。

また、孔子のような聖人でも、不遇な状況に耐え切れなくなって、滅入るときがあるのだと思うと、肩からスーッと力が抜け、気が楽になり、何だか癒されたような気分になる。

孔子に弟子が多かったのは、孔子が完全無欠な人間だったからではなく、このエピソードにも表れているように、どこかに隙のある、愛すべき人間だったからであろう。つけ入る隙を与えないような人間は、どこか窮屈で、長く付き合っていくには、ずいぶん骨の折れる相手であるにちがいない。

役立たずのイヌ

イヌは、つまらない生き物といわれながらも、人間にとってはよい召使いであり、狩猟犬や牧畜犬、あるいは番犬として大いに役立っている。ところが、なかには何の役にも立たないイヌがいる。

たとえば、「**陶犬瓦鶏**《とうけんがけい》」や「**泥車瓦狗**《でいしゃがこう》」に登場するイヌがそれである。もっとも、種明かしをすれば、ここに出てくるイヌは作り物なので、役立たないのも当然なのだが……。

「陶犬瓦鶏」は、南北朝時代の梁《りょう》の元帝蕭繹《しゅくえき》の編になる『金楼子』から出てきた語で、「陶犬」

は陶製のイヌ、「瓦鶏」は素焼きのニワトリのこと。作り物のイヌやニワトリは、夜の番をしたり、夜明けを告げたりする役目を果たすことができないことから、形ばかり立派で、実際の役に立たないものをたとえていう。

また、「泥車瓦狗」は、後漢の王符撰『潜夫論』から出た語で、これもやはり、泥で作った車と、瓦で作ったイヌの意から、役に立たないもののたとえである。

ところで、イヌにちなんだもので、役に立たないわけではないが、その本来の役割がだんだん薄れてきているものに、われわれ人間が門歯と臼歯の間に上下二本ずつ持っている犬歯がある。この犬歯は、糸切り歯ともいい、人間がその昔、肉を嚙みちぎって食べていた頃の形跡を今にとどめているもので、われわれが雑食性になってくるとあまり必要でなくなり、次第に退化してきたといわれている。

しかし、本家本元のイヌの歯は餌がドッグ・フーズになった今でも健在で、鋭い牙《きば》状になっているので、ふつう犬牙《けんが》という。その犬牙をたとえに引いた熟語を次に紹介しよう。

『史記』孝文帝本紀に、次のような話が見える。

漢の高祖劉邦の死後、皇后の一族の呂氏が実権を握り、政治が混乱したが、やがてその混乱が収束した後、帝位を打診された代（今の山西省）の王劉恒《りゅうこう》は、近臣に相談したところ、中尉の宋昌《そうしょう》がこう言った。

「高帝封ずるに子弟を王とし、地、犬牙相制《けんがあいせい》す」

（高祖は、子弟に土地を与えて王となし、それらの王の領土は、イヌの歯のように諸侯の領土と入り組み、諸侯を牽制しています）

そして、宋昌は、この体制が劉氏の天下を磐石《ばんじゃく》なものにしているので、安心して帝位の召請を受けるべきであると説いた。

ここから、「**犬牙相制《けんがそうせい》**」（犬牙、相制す）という熟語ができた。「犬牙」は犬の牙のことで、「相制」は互いに牽制し合うこと。つまり、国境が入りくんで接しているようすを、犬の牙が上下にきっちり嚙み合っているようすにたとえ、そういう隣国どうしが、互いに牽制し合うことをたとえていう。「**犬牙相錯《けんがそうさく》**」（犬牙、相錯《あいさく》す）ともいう。

これまで見てきたように、イヌにまつわる四字熟語の場合も、やはり他の動物と同じように、その動物のいちばんの特徴、イヌであれば「吠える」という性質に関係する熟語が多い。

ただ、他の動物の場合と違うのは、イヌに関する語が、飼い主の人間との主従関係を色濃く反映しているという点である。つまり、他の動物では、単にその動物の形状や能力が熟語の材料にされる程度なのだが、イヌの場合、人間とのメンタルな部分での交流、あるいは結びつきまでもが、熟語の下地になっているのである。

だから、イヌにまつわる熟語が、封建社会における君主と臣下という主従関係での、臣下のあり方やものの考え方をたとえた語になっているというのは、ある意味では必定なのかもしれない。

亥・イノシシ・猪

イノシシは、シカやヒツジなどと同じように蹄《ひづめ》を持つ、いわゆる有蹄類の動物であるが、牙を持ち、雑食性なので、ふつうの草食動物に見られるような胃の反芻作用はない。

このような野生のイノシシを、その肉を食用に供するために飼いならしたものがブタで、したがって、イノシシとブタは生物学的に大いに連関している。

「猪」の字は、わが国ではイノシシを意味しているが、中国ではふつうブタを意味する。それで、ことさらイノシシのことを表現したいときは、野生のブタという意味で、「野猪《やちょ》」という語を用いる。

ただ、「猪牙《ちょが》」（イノシシの牙）、「猪胆《ちょたん》」（イノシシのきも。便秘の薬になる）といった例からもわかるように、「猪」が時にイノシシの意味で用いられることもあり、その辺はかなりあいまいである。

また、わが国で「いのこ」と訓読みする「豕」も、「猪」と事情が同じで、イノシシとブタの両方の意味を持っている。「豕喙《しかい》」はイノシシの長く鋭い口さきのことだが、「豕牢《しろう》」はブタ小屋、または、便所（ブタのいる所を便所に充てたので）を意味する。

この本の目的は、「字」の意義の確定にあるのではなく、あくまでも、イノシシにまつわる熟語の紹介にあるので、わが国でイノシシを表す「猪」や「豕」の字が含まれたものであれば、それがブタの意味で使われている熟語であっても、取り上げていこうと思う。

なお、「猪」は俗字で、「豬」が正字であるが、ここでは、わが国で通用している「猪」の字を使うことにする。

イノシシにバックのギアはない

イノシシとくれば、まず、「猪突猛進《ちょとつもうしん》」を取り上げないことには始まらない。この語は、十二支の動物にまつわる四字熟語の中でも、われわれ日本人によく知られているという点では、おそらくベスト・スリーに入るだろう。

「猪突」は、イノシシのように、まっしぐらに突進すること、「猛進」は、激しい勢いで進んでいくことで、合わせて、イノシシのように向こう見ずに突き進むことをいうのであるが、そんなことは皆さん先刻ご承知で、釈迦《しゃか》に説法、河童《かっぱ》に水練、いまさら言うまでもなかろう。

ところが、意外なことに、この熟語の出処はどうもはっきりしない。典拠となるべき用例が、中国の古典のなかに見当たらないのである。

私が思うに、この熟語と同じ「猪突」を使った「**猪突豨勇**《きゆう》」という熟語が中国に古くからあるので、昔の我が国の先達が、この熟語の後半の「豨勇」を何らかの理由で切り捨て、前半の「猪突」だけを借りてきて、それに「猛進」という説明的な語句をくっつけて創作したのではあるまいか。

これはまったくの推論で、学問的根拠が何らあるわけではないので、私のたわごとと、お聞き流し願いたい。しかし、「猪突猛進」の語源に迫りたい私としては、とりあえず、はっきりした典拠のある「猪突豨勇」を取り上げ、「猪突猛進」の語源を探る際の参考に供したい。

『漢書《かんじょ》』食貨志・下によると、「猪突豨勇」は、漢王朝から帝位を簒奪して「新」という王朝を興した王莽《おうもう》が、北方の辺境を脅かしていた異民族の匈奴《きょうど》を駆逐するために、囚人や奴隷などの中から精鋭を選抜して組織した軍隊の名である。

「猪」は、この場合、もちろんブタではなくイノシシのこと。「豨」は、同じイノシシでも、大きなイノシシをいう。したがって、「猪突」は、イノシシのように向こうみずに突き進むこと、「豨勇」は、そのような勇ましさをいい、ここから、あとさきかまわず敵に突っ込む命知らずの勇気、または勇士のことを、「猪突豨勇」という。わが国でいう「イノシシ武者」と同じである。

重量フォワードが売りの攻撃型ラグビーで有名な明治大学ラグビー部の選手たちが、試合で怒濤のように突進するさまは、まるで「猪突豨勇」のイノシシ武者を思わせる光景である。彼らの合言葉「前へ！」は、まさにその攻撃精神の単純明快な表現であるといえよう。

白いブタは、珍獣？

われわれの意識や行動形態は、ふつう、自分の経験や育った環境に支配される。それで、自分の経験則から外れたことや、自分の身の回りではついぞ見かけたことのないものごとに対しては、どうしても異常なもの、風変わりなものとみなしがちである。

『後漢書』朱浮《しゅふ》伝に、次のような話が見える。

後漢の再興に成功した光武帝が、功績のあった臣下の論功行賞を行ったとき、漁陽《ぎょよう》の太守の彭寵《ほうちょう》は、自分の功績が正しく反映されていないと不満を抱いていた。そこで、幽州の牧（長官）の朱浮《しゅふ》が、彼を諌めて次のような話をした。

昔、遼東《りょうとう》（今の遼寧《りょうねい》省を流れる遼河の東一帯）に住む男の飼っていたブタが、白い頭のブタの子を生んだ。珍しがって、天子に献上しようと思い、河東《かとう》（今の山西省）まで行ったところ、頭がみな白い豚の群れに出会って、なんら珍しくないことがわかり、自分の無知を恥じて帰ったという。

朱浮は、このようなたとえ話を引いた上で、彭寵に、

「若《も》し、子《し》の功を以て朝廷に論ずれば、則《すなわ》ち、遼東の豕為《いのこた》らん」

（もし、あなたの功績を朝廷で議論したら、あなたは、この遼東の白ブタみたいなものだろうよ）〔自分では功績が大きいと思っているだろうが、朝廷には、いずれ劣らぬ功績のある臣下が、ほかにもたくさんいるぞ〕

と諭したという。

ここから、狭い世界で育って他を知らないために、自分だけ優れていると思い込み、得意になっていることを、「遼東之豕《りょうとうのいのこ》」という。「豕」は、ここではブタのことである。

ところで、中国では昔から、珍獣の出現は聖天子が世に出現する予兆と考えられていた。それで、昔の人は、珍しいものが手に入ると、よく朝廷に献上した。

一方、珍物を献上された帝にとっても、自分が聖天子であることを天下の人々に知らしめる絶好

の物証になるわけで、珍物を献上した者には、それに見合う莫大な褒美を与えるのが常だった。

こういうわけで、遼東の男は、とらぬタヌキの皮算用ならぬ、白ブタ算用をしつつ、都に向かったのであるが、途中で白いブタがありきたりのものであるとわかり、その期待がみごとに裏切られてしまったという、とんだお笑い種《ぐさ》の一席である。

この「遼東之豕」と同じく、見識の狭い、世間知らずの人を意味する熟語はほかにもあるので、その代表的なものをいくつか見てみよう。

まず、『後漢書』馬援《ばえん》伝から出た「**井底之蛙**《せいていのあ》」という熟語がある。これは、井戸の底にいるカエルの意で、わが国で言う「井《い》の中の蛙《かわず》、大海を知らず」と同じ意味である。似たような表現は古くからあったようで、戦国時代の思想書『荘子』秋水篇にも、「井蛙《せいあ》は以て海を語るべからず」という文句があり、さきのわが国のことわざは、この『荘子』の言葉をアレンジしたものである。

次に、『史記』西南夷列伝から出た「**夜郎自大**《やろうじだい》」という熟語がある。「夜郎」は、中国の西南、今の貴州省の地に住んでいた民族の名で、「自大」は、自分の国を大きいと考えること。夜郎国の王が、漢からの使者に、漢の国と夜郎の国とでは、どちらが大きいか、とたずねたという。

漢は、言うまでもなく当時の大帝国であり、この夜郎国の王の無知さ加減は、今で言えば、ある国の元首がアメリカを知らないのと同程度の国際問題オンチといえようか。

もう一つ、戦国時代の楚の宋玉《そうぎょく》の書いた「楚王の問ひに対《こた》ふ」という文章（『文選《もんぜん》』所収）から出た「**尺沢之鯢**《せきたくのげい》」という熟語がある。「尺沢」は、一尺ほどの小さな池のこと、「鯢」は山椒魚《さんしょううお》のことで、小さな池で育った山椒魚には、大湖、大河のことはわからないことをいう。

ブタは哲学者になれない

ブタは、そもそも、人間がその肉を食べるために、野生のイノシシを家畜化したのであるから、ブタは当初から食べて太ることが至上命令であった。太ってこそ人間の役に立つのであり、やせたブタは、鳴かないオンドリや、どろぼうに吠えない犬と同様、人間にとって何の魅力も値打ちもない。

だから、ブタはよく食べる。先祖のイノシシもよく食べるようだが、そのイノシシの食欲に関するDNAだけが増幅された感じである。それで、ブタといえば、食べることしか頭に無い貪欲なものといったイメージが強く、四字熟語に出てくる「ブタ」も、たいがい、卑しいもの、取るに足りないつまらないもののたとえとして登場する。

たとえば、韓愈の詩「符書《ふしょ》を城南に読む」から出た、「**一竜一猪**《いちりゅういっちょ》」という熟語がある。「竜」は、霊妙な才能を持った、優れた人物のたとえ。一方、「猪」は、ここではブタの意で、何の取りえもない人物のたとえである。

韓愈はこの詩のなかで、学問の有無によって、「竜」と「猪」という大きな賢愚の差が生じる、と述べている。つまり、「一竜一猪」は、学問のいかんによって、優れた人間になったり、つまらない人間になったりすることをいう。同義語に、「一竜一蛇《いちりゅういちだ》」がある。

食べるのが仕事であるブタにとって、学問をはじめとする精神的営みは、最も縁遠いものである。それで、物質主義や享楽主義の象徴とみなされてしまうのであるが、これは、なにも中国や日本に限ったことではなく、西欧諸国でもやはり、ブタはつまらないもの、貪欲なもののたとえとして、よく登場する。

たとえば、十九世紀のイギリスの思想家、J・S・ミルに、「腹いっぱいになったブタであるよりは、ひもじい人間のほうがよく、腹いっぱいになった愚か者であるよりは、真理に飢えたソクラテスのほうがよい」(『功利主義』)という有名な言葉がある。物質的な満足より、精神的な満足を追求すべきことを述べたものだが、ここでのブタもやはり、物質的欲望の象徴である。

なお、ミルのこの言葉は、第十八代東大総

長を務めた大河内一男氏によって、東大の卒業式で訓辞として用いられて以来、一般にも有名になった。ただ、大河内氏は、もとの言葉を少しアレンジして、「太ったブタであるよりは、やせたソクラテスになれ」と言ったのであるが、こちらのほうがうまくまとまっていて、警句とするにふさわしい気がする。

ブタは貪欲なもの

孟子が生きていた戦国時代の諸侯たちは、全国から賢者を招いて自国の富国強兵をはかろうとした。その際、金銭や礼物にものを言わせて賢者を集めようとする王が多かったが、そのような王に痛烈な批判の矢を向けたのが孟子である。

『孟子』尽心《じんしん》・上篇に、次のような言葉が見える。

食《やしな》いて愛せざるは、之《これ》を豕《ぶた》のごとく交わるなり。愛して敬せざるは、之を獣のごとく畜《やしな》うなり。

（君主が、賢者にただ食禄（食べ物と俸給）を与えるだけで、大事にしないのなら、それは、賢者をブタのようにみなして交わることにほかならない。また、君主が賢者をただ大事にするだけで、敬う気持ちがなければ、イヌやウマなどの獣を大事に飼うのと何ら変わらない）

ここから、「**豕交獣畜**《しこうじゅうちく》」（豕《ぶた》のごとく交わり、獣のごとく畜《やしな》う）という熟語ができた。相手をブタとみなして交わり、獣とみなして養う意から、人を、獣なみに、ぞんざいに扱うことをいう。

孟子は、君主が賢者を招きたいのなら、このような「豕交獣畜」的な態度を直ちにやめ、食禄より、愛情、ただの愛情より、尊敬の念をもっと大事にすべきことを説いたのである。ここでの「豕《ぶた》」は、物質欲の虜《とりこ》となって食禄を貪る卑しい人間のたとえである。

「豕」のかわりに月（にくづき）偏の「豚」の字を使った熟語で、『易経《えききょう》』中孚《ちゅうふ》から出た「**豚魚**《とんぎょ》**之信**《のしん》」という語がある。ここにも、どうしようもないダメなものの代表としてブタが引用されているが、この熟語の意味は少し趣が違って、そういう取るに足りないブタや魚にまで、信《まこと》の心を行きわたらせることができるような人徳者、または、そのような至誠の心をいう。

釈迦が入滅するときは、鳥や獣まで鳴き悲しんだという伝説があるが、そのように、禽獣にまで影響を及ぼすような真心のことをたとえていう語である。

けちん坊ブタのひづめで願をかけ

わが国のことわざに、「爪《つめ》に火をともす」というのがある。つましい生活をするとか、けちけちするといった意味だが、四字熟語にも、爪の出てくる「けちん坊」を表す語がある。ただし、こちらの場合は、ブタのひづめであるところがちょっと違うけれども……。
『史記』滑稽《こっけい》列伝のなかに、戦国時代の斉の賢臣淳于髠《じゅんうこん》に関する次のような記事が見える。

斉の威王の八年（前三七一年）、楚が斉を襲った。そこで、威王は、趙に援軍を頼むために、淳于髠を使者に任命し、趙への贈り物として、百斤《きん》（約二十六キログラム）の黄金と、四頭立ての馬車とウマを十台分、準備した。

すると、淳于髠は、冠の紐が切れるくらい大笑いして、次のような話をした。

「私が先ほど参内する途中、道端で、田の神に豊作を祈願している男を見かけました。その男は、ブタのひづめ一つと、酒一椀を手に持って、祈るには、

『狭い土地でも籠いっぱい、やせた土地でも車いっぱい、五穀豊穣《ごこくほうじょう》、たんまり実って、倉いっぱいになーれ！』

男が手に持ったものは貧弱なくせに、望んでいるものは大きいのを見て、私はつい笑ってしまいました」

威王はこの話を聞いて、趙への贈り物を、千鎰《いつ》（約三百二十キログラム）の黄金、十双の白い璧玉《へきぎょく》、四頭立ての馬車とウマ百台分に増やした。自分のけちさ加減がわかったのである。

そこで、淳于髠が贈り物を携えて趙に行くと、趙王は、彼に十万の精兵と千台の戦車を貸し

てくれた。
楚はそれを聞いて、夜のうちに軍を引きあげ、退却した。

淳于髡のブタのひづめのたとえ話が功を奏したわけであるが、この寓話から、**「豚蹄穣田《とんていじょうでん》」**（豚蹄もて田《でん》を穣《いの》る）という熟語ができた。

「豚蹄」は、ブタのひづめのことで、ここでは、つまらない供え物のたとえ。「穣」は、豊かに実る意であるが、ここでは豊穣を祈ること。ブタのひづめのようなつまらない供え物で、五穀豊穣を祈ることから、わずかな謝礼でたくさんの見返りを期待することをいう。わが国でいう「えびで鯛《たい》を釣る」に近い。

人間の子でもブタの子とはいかに

自分の子を謙遜して言う語に、「愚息」という言い方がある。「愚かな息子」と謙遜してみせるわけだが、それくらいはまだいい方で、わが子を家畜並みに貶めていう言い方もある。

そこまで貶めて言わなくてもいいかとも思うが、もし、相当できの悪い子でも、イヌ畜生のレベルまで落として言っておけば、まあ救われるかもしれないという、親の悲しい打算みたいなものもあるのかもしれない。

清代の俗諺《ぞくげん》の解説書『通俗編』倫常に、三国時代の曹操の言葉として、

子を持つなら、孫仲謀《そんちゅうぼう》（孫権）の息子のようなのがよい。

劉景升《けいしょう》の児子《じし》は、豚犬《とんけん》のごときのみ。

（劉景升〔劉表〕の子は、ブタの子や、イヌの子にすぎない）

とあり、ここから、自分の子供を謙遜して言う「**豚児犬子**《とんじけんし》」という熟語ができた。

ただ、原文では、劉表の子を「豚犬」と言ってバカにしているわけで、もともと、自他の区別なく、駄目な子供を指して言ったようだ。「豚児」「犬子」「豚犬」という二字熟語で使われることもある。

なお、自分の息子のことを「犬子」という言い方は、すでに『史記』司馬相如《しょうじょ》伝にあるが、そこでは、幼き日の相如が剣術の修行に打ち込んでいたのを親が見て、「剣《けん》」と同音の「犬《けん》」の字を借りてきて、洒落《しゃれ》で息子に付けた愛称で、「愚息」というへりくだった意味合いはない。

ところで、自分の息子を「愚息」というのと同じように、自分の妻を謙遜して「愚妻」というが、もう一つ、漢籍に典拠を持つ「荊妻《けいさい》」という語がある。これは、荊《いばら》のかんざしをつけた妻のこ

とで、つましい身なりをした自分の妻をたとえていう。
前漢の劉向《りゅうきょう》の著した『列女伝』に、後漢の梁鴻《りょうこう》の妻で名を孟光《もうこう》という女性のエピソードが出てくるが、その女性は、いつも荊の釵《かんざし》と麻布の裙《もすそ》（スカート）を身につけて、つましくしていたという。

この故事から、女性の質素な身なりを、「**荊釵布裙**《けいさいふくん》」といい、そのような身なりの妻を、「荊妻」というようになった。

だから、ブランド品で身をかため、「亭主は元気で留守がいい」てなぐあいで、街に遊びに出る妻のことを、夫が手紙に、「うちの荊妻も相変わらず元気で、毎日、おしゃれなカフェで、奥様ランチだそうです」なんて書いた日には、トンだ誤用と言わなければならない。

この「荊妻」と、さきの「豚児」とを合わせて、自分の妻子を謙遜して「**荊妻豚児**《けいさいとんじ》」という。同義語に「**愚妻愚息**《ぐさいぐそく》」がある。

三匹のブタが黄河を渡る？

今の私たちが日常目にする漢字は、ほぼ百パーセント楷書で書かれている。楷書は、漢字の一点一角をもおろそかにせず、厳正にはっきり書く書体であるから、「豕《し》」と「亥《がい》」の字を楷書で書いても見まがうことはない。

しかし、漢字は歴史的に変遷してきており、古い字体では「豕」と「亥」は大変似た字形だったようだ。それで、「豕」と「亥」は、昔から読み間違える漢字の代表格だったらしく、『呂氏春秋』（秦の呂不韋《りょふい》編）に、次のような話が見える。

孔子の弟子の子夏《しか》が晋へ行く途中、衛の国を通りかかった。すると、史書を読んでいる人がいて、ちょうど、

「**晋の師、三豕《さんし》、河を渡る**」

（晋の軍隊が、三匹のブタとともに、黄河を渡った）

と読む声が子夏の耳に届いた。そこで子夏が、「三は己《き》に、豕は亥に字が似ているから、『三豕』は『己亥《きがい》』の間違いなのではありませんか」と、

その人に教えてやった。子夏が晋に着いてから、そのことを確認してみると、果たして、「晋の軍隊は己亥の年に河を渡った」というのが正しい記述だったという。

ここから、似ている文字を読み間違えることを、「三豕渡河《さんしとか》」（三豕、河を渡る）、または「三豕渉河《しょうか》」（「渉」は「渡」に同じ）という。ほかに「三豕己亥《きがい》」、「亥豕《がいし》之譌《のあやまり》」など、すべてこの故事から出た同じ趣旨の熟語である。

ほかに、字形が似ていて、間違いやすいものに、「魯」と「魚」があり、晋の葛洪《かっこう》の撰した『抱《ほう》朴子《ぼくし》』で、その類似性が指摘されて以来、「魯魚《ろぎょ》」は、間違いやすい字として四字熟語の一角をなしている。

たとえば、「魯魚亥豕《ろぎょがいし》」「魯魚之謬《あやまり》」「魯魚章草《しょうそう》」「魯魚陶陰《とういん》」「魯魚帝虎《ていこ》」「烏焉《うえん》魯魚」など多数ある。

このほか、「焉馬《えんば》之誤《のあやまり》」「虎虚《こきょ》之誤」なども、間違えやすい漢字の組み合わせを示す熟語である。

さて、イノシシやブタにまつわる四字熟語を見てきたが、そこに登場しているイノシシやブタは、気の毒なくらいバカにされ、低く評価されている。それはいったいなぜなのかと考えるに、やはり、イノシシ、とくにブタが、もっぱら食べて太ることにその存在意義があるからなのだろう。

つまり、「食っちゃ寝」の貪欲で怠惰な生活ぶりに、私たち人間は精神の堕落を感じ取り、軽蔑すべきものというレッテルを貼っているのである。

しかし、これらの四字熟語には陰湿な感じは微塵もなく、どこか能天気な、あっけらかんとした明るささえうかがわれるのは、せめてもの救いである。

おわりに

四字熟語について面白いものが書けそうだと思ったのは、三年前、拙著『漢語の語源ものがたり』（平凡社新書）を書き終えたあたりからで、それ以来、常に頭の中にありながら、私の怠慢と、日々の仕事や私事に忙殺されて、なかなか取りかかれないでいた。

しかし、いつまでも放ってはおけないと、今年の正月を機に一念発起して書き始め、寝る間を惜しんで連綿と書き接ぎ、このたびようやく出版するところまで漕ぎつけた。

書くに当たっては、いくつかの四字熟語辞典と『大漢和辞典』（大修館書店）、『故事成語名言大辞典』（大修館書店）といった基礎文献を参考にしたが、世にあまた出ている四字熟語に関する類書はまったく見なかった。それらはほとんどのものが辞書からの孫引きで、あまり参考にならないということもあるが、もうひとつは、四字熟語に関する自分独自の考えや発想を大事にしたかったからである。

また、どういう四字熟語を取り上げるかについては、熟語の成り立ちや性格あるいは実用性の有無にはとらわれず、各種の辞典に採録されている十二種類の動物にまつわる四字熟語から、できるだけたくさん集めることにした。

四字熟語の意味や内容を確定するに際しては、辞書類の説明をいちおう参考にはしたが、妄信することは避け、出典のある語についてはその原文に直接当たり正確を期した。辞典の中には、他の辞典からの孫引きとおぼしき説明がまま見受けられ、そういう事項に限って同じような過ちを犯しているケースがあるからである。

たとえば「涸沢之蛇」（一一八ページ参照）という四字熟語の語源の説明で、私が目にした辞典のひとつは、「小さな蛇と大きな蛇がお互いに尾を口にくわえあって、大きな蛇の上に小さな蛇を乗せて進んだ」と説明していた。しかし、これはどう考えてもおかしい。サーカスでもあるまいし、そんなことができるはずがないと考えて、他の辞典に当たってみるのだが、似たり寄ったりの説明だったり、あいまいな説明でごまかしていたりで、要領を得ない。

そこで、原文に当たったところ、一見辞典の説明のように読めるが、省略語を補い、主語を複数とみなして解釈しなおしてみると、それまでぼやけていたカメラレンズがぴたっと焦点が合ってはっきりした像を結んだときのように、明確なイメージで捉えられる文脈が浮かんできたのである。

こういう経験もあって、辞典類は参考にはするが、語義の確定には、語の典拠とされている原文を基本にすることを心がけた。

この本で取り上げた四字熟語のなかには、私がこれまで上梓した『ちょっと気の利いた漢文こばなし集』（大修館書店）や『漢語の語源ものがたり』で、すでに取り上げたものも若干含まれていることをおことわりしておきたい。

この本ができるまでには、企画の段階から編集部の円満字二郎氏に大変お世話になった。語義の解釈などで揺れているとき、氏の専門的な知識に基づくご教示によって打開できたことが何度かあった。ここにあらためて感謝申し上げたい。

この本の中に描かれている動物のイラストは、『漢文こばなし集』のときと同様、愚妻満弓《まゆみ》の手になるものである。仕事や家事で忙しい合間を縫っての作業で大変だったようだが、四字熟語にマッチしたかわいい挿絵を描いてくれた。また、もうすぐ六歳になる愚息亮《りょう》は、私の部屋に侵入して執筆の邪魔をしなくなったという意味で、著作の進行をはかどらせる手助けをしてくれた。

ほかにも、装丁、組版など、この本が完成するまでの工程でお世話になったすべての方々に、心からお礼を申し上げたい。

もちろん、この本を手にとって読んでいただいたあなたにも、感謝！

二〇〇五年十月

諏訪原　研

竜蟠蚖肆 りゅうばんげんし 99
竜蟠鳳逸 りゅうばんほういつ 99
竜蟠鳳舞 りゅうばんほうぶ 110
竜疲虎困 りゅうひここん 102
竜飛鳳舞 りゅうひほうぶ 110
竜鳳之姿 りゅうほうのすがた 106
竜躍雲津 りゅうやくうんしん 98
両虎相闘 りょうこそうとう 62
梁上君子 りょうじょうくんし 4
遼東之豕 りょうとうのいのこ 254
驪竜之珠 りりょうのたま 105
麟子鳳雛 りんしほうすう 96
麟鳳亀竜 りんぽうきりゅう 96
螻蟻潰堤 ろうぎかいてい 198
老驥伏櫪 ろうきふくれき 146
老牛舐犢 ろうぎゅうしとく 35
籠鳥檻猿 ろうちょうかんえん 201
狼貪虎視 ろうどんこし 46
老馬之智 ろうばのち 138
魯魚亥豕 ろぎょがいし 265
魯魚章草 ろぎょしょうそう 265
魯魚帝虎 ろぎょていこ 265
魯魚陶陰 ろぎょとういん 265
魯魚之謬 ろぎょのあやまり 265
驢鳴犬吠 ろめいけんばい 235

攀竜附鳳　はんりゅうふほう　108
飛耳長目　ひじちょうもく　83
飛兎竜文　ひとりゅうぶん　96
肥馬軽裘　ひばけいきゅう　140
百戦錬磨　ひゃくせんれんま　154
百聞一見　ひゃくぶんいっけん　52
猫鼠同処　びょうそどうしょ　9
猫鼠同眠　びょうそどうみん　8
飛竜乗雲　ひりゅうじょううん　97
非驢非馬　ひろひば　158
牝鶏司晨　ひんけいししん　208
牝鶏之晨　ひんけいのしん　208
牝鶏牡鳴　ひんけいぼめい　208
牝牡驪黄　ひんぼりこう　150
浮雲驚竜　ふうんきょうりゅう　110
不羈奔放　ふきほんぽう　157
伏竜鳳雛　ふくりゅうほうすう　67,95
俛首帖耳　ふしゅちょうじ　237
夫唱婦随　ふしょうふずい　209
浮石沈木　ふせきちんぼく　59
付和雷同　ふわらいどう　234
刎頸之交　ふんけいのまじわり　63
蚊子咬牛　ぶんしこうぎゅう　22
蚊虻走牛　ぶんぼうそうぎゅう　22
兵強馬壮　へいきょうばそう　154
暴飲暴食　ぼういんぼうしょく　38
泛駕之馬　ほうがのうま　155
放虎帰山　ほうこきざん　56
暴虎馮河　ぼうこひょうが　53
封豕長蛇　ほうしちょうだ　116
蜂準長目　ほうじゅんちょうもく　47
庖丁解牛　ほうていかいぎゅう　40
亡羊之嘆　ぼうようのたん　173
亡羊補牢　ぼうようほろう　174
母猿断腸　ぼえんだんちょう　192

【ま行】

猛虎伏草　もうこふくそう　67
沐猴而冠　もくこうじかん　191
問牛知馬　もんぎゅうちば　36

【や行】

夜郎自大　やろうじだい　255
邑犬群吠　ゆうけんぐんぱい　234
羊裘垂釣　ようきゅうすいちょう　182
鷹犬之才　ようけんのさい　237
養虎遺患　ようこいかん　55
羊很狼貪　ようこんろうどん　181
羊質虎皮　ようしつこひ　168
羊腸小径　ようちょうしょうけい　183
羊頭狗肉　ようとうくにく　39,166
羊頭馬脯　ようとうばほ　168
楊布之狗　ようふのいぬ　230

【ら行】

羅雀掘鼠　らじゃくくっそ　13
犂牛之子　りぎゅうのこ　35
竜隠弓墜　りゅういんきゅうつい　107
竜顔虎眉　りゅうがんこび　106
竜吟虎嘯　りゅうぎんこしょう　107
竜駒鳳雛　りゅうくほうすう　96
竜行虎歩　りゅうこうこほ　106
竜興致雲　りゅうこうちうん　107
竜虎相搏　りゅうこそうはく　101
竜虎之争　りゅうこのあらそい　101
竜驤虎視　りゅうじょうこし　109
竜攘虎搏　りゅうじょうこはく　101
竜章鳳姿　りゅうしょうほうし　106
竜驤麟振　りゅうじょうりんしん　109
竜睛虎目　りゅうせいこもく　106
竜戦虎争　りゅうせんこそう　101
竜象之力　りゅうぞうのちから　109
竜跳虎臥　りゅうちょうこが　110
竜騰虎闘　りゅうとうことう　101
竜頭蛇尾　りゅうとうだび　89
竜瞳鳳頸　りゅうどうほうけい　105

曾参殺人　そうしんさつじん　59
走馬看花　そうばかんか　160
蒼蠅驥尾　そうようきび　145
巣林一枝　そうりんいっし　14
続貂之譏　ぞくちょうのそしり　236
素車白馬　そしゃはくば　156
鼠窃狗盗　そせつくとう　2

【た行】

対牛弾琴　たいぎゅうだんきん　30,132
大山鳴動　たいざんめいどう　12
大人虎変　たいじんこへん　68
多岐亡羊　たきぼうよう　173
打草驚蛇　だそうきょうだ　126
脱兎之勢　だっとのいきおい　74
蛇蚹蜩翼　だふちょうよく　127
暖衣飽食　だんいほうしょく　139
談虎色変　だんこしきへん　51
単槍匹馬　たんそうひつば　154
断腸之思　だんちょうのおもい　192
談天雕竜　だんてんちょうりゅう　110
探驪獲珠　たんりかくしゅ　105
竹馬之友　ちくばのとも　150
虫臂鼠肝　ちゅうひそかん　13
懲羹吹膾　ちょうこうすいかい　29
朝三暮四　ちょうさんぼし　187
鳥尽弓蔵　ちょうじんきゅうぞう　72
長鞭馬腹　ちょうべんばふく　161
猪突豨勇　ちょとつきゆう　252
猪突猛進　ちょとつもうしん　251
九十九折　つづらおり　183
泥車瓦狗　でいしゃがこう　246
羝羊触藩　ていようしょくばん　180
天馬行空　てんばこうくう　157
田父之功　でんぽのこう　77
東家之丘　とうかのきゅう　221
童牛之牿　どうぎゅうのこく　34
陶犬瓦鶏　とうけんがけい　246
投鼠忌器　とうそきき　11
蟷螂之斧　とうろうのおの　23
兎起烏沈　ときうちん　79
兎起鶻落　ときこつらく　75
兎起鳧挙　ときふきょ　75
読書亡羊　どくしょぼうよう　174
兎死狗烹　としくほう　72
兎死狐悲　としこひ　82
屠所之歩　としょのあゆみ　178
屠所之牛　としょのうし　178
屠所之羊　としょのひつじ　178
斗折蛇行　とせつだこう　116,183
駑馬十駕　どばじゅうが　158
屠羊之肆　とようのし　179
呑牛之気　どんぎゅうのき　40
豚魚之信　とんぎょのしん　259
豚児犬子　とんじけんし　262
豚蹄穣田　とんていじょうでん　261

【な行】

南船北馬　なんせんほくば　137
肉袒牽羊　にくたんけんよう　179
肉袒負荊　にくたんふけい　180
肉袒面縛　にくたんめんばく　180
拈華微笑　ねんげみしょう　167

【は行】

吠影吠声　はいえいはいせい　234
売剣買牛　ばいけんばいぎゅう　32
杯中蛇影　はいちゅうだえい　123
売刀買犢　ばいとうばいとく　32
白兎赤烏　はくとせきう　78
白馬非馬　はくばひば　162
伯楽一顧　はくらくいっこ　148
白竜魚服　はくりゅうぎょふく　100
馬耳東風　ばじとうふう　131
白駒過隙　はっくかげき　145
攀竜附驥　はんりゅうふき　109

狡兎良狗 こうとりょうく 71
孔明臥竜 こうめいがりょう 95
蛟竜雲雨 こうりゅううんう 98
亢竜有悔 こうりゅうゆうかい 101
呉越同舟 ごえつどうしゅう 10
狐仮虎威 こかこい 46,213
虎冠之吏 こかんのり 61
呼牛呼馬 こぎゅうこば 37
呉牛喘月 ごぎゅうぜんげつ 28
虎虚之誤 こきょのあやまり 265
告朔餼羊 こくさくきよう 176
虎渓三笑 こけいさんしょう 65
虎穴虎子 こけつこし 49,105
虎視眈眈 こしたんたん 46
狐死兎泣 こしときゅう 82
虎嘯風生 こしょうふうせい 68
虎生文炳 こせいぶんけい 49
胡孫入袋 こそんにゅうたい 202
涸沢之蛇 こたくのへび 118
虎擲竜拏 こてきりゅうだ 101
狐兎之悲 ことのかなしみ 83
胡馬北風 こばほくふう 136
虎尾春氷 こびしゅんぴょう 53
虎豹之文 こひょうのぶん 68
鼓腹撃壌 こふくげきじょう 238
枯木竜吟 こぼくりょうぎん 91
虎狼之心 ころうのこころ 47

【さ行】

塞翁之馬 さいおうのうま 132
塞翁失馬 さいおうしつば 134
載籍浩瀚 さいせきこうかん 25
三顧之礼 さんこのれい 94,240
三豕己亥 さんしきがい 265
三豕渉河 さんししょうか 265
三豕渡河 さんしとか 265
三人成虎 さんにんせいこ 57
自業自得 じごうじとく 82
豕交獣畜 しこうじゅうちく 259
市虎三伝 しこさんでん 59
獅子搏兎 ししはくと 83
舐犢之愛 しとくのあい 35
鴟目虎吻 しもくこふん 49
射将先馬 しゃしょうせんば 153
車水馬竜 しゃすいばりゅう 155
車轍馬跡 しゃてつばせき 154
秋高馬肥 しゅうこうばひ 135
充棟汗牛 じゅうとうかんぎゅう 25
十羊九牧 じゅうようきゅうぼく 182
守株待兎 しゅしゅたいと 80
首施両端 しゅしりょうたん 16
首鼠両端 しゅそりょうたん 16
小隙沈舟 しょうげきちんしゅう 198
小国寡民 しょうこくかみん 212
城狐社鼠 じょうこしゃそ 10
常山蛇勢 じょうざんだせい 122
照猫画虎 しょうびょうがこ 65
食牛之気 しょくぎゅうのき 40,49
蜀犬吠日 しょくけんはいじつ 232
処女脱兎 しょじょだっと 74
指鹿為馬 しろくいば 143
心猿意馬 しんえんいば 193
人主逆鱗 じんしゅげきりん 104
人中之竜 じんちゅうのりゅう 109
水魚之交 すいぎょのまじわり 94
精神一到 せいしんいっとう 66
井底之蛙 せいていのあ 255
跖狗吠堯 せきくはいぎょう 238
尺沢之鯢 せきたくのげい 256
窃鈇之疑 せっぷのうたがい 124
千軍万馬 せんぐんばんば 154
前虎後狼 ぜんここうろう 47
前狼後虎 ぜんろうこうこ 48
粗衣粗食 そいそしょく 139
滄海一粟 そうかいいちぞく 21
喪家之狗 そうかのいぬ 245

画竜点睛 がりょうてんせい 92
臥竜鳳雛 がりょうほうすう 95
苛斂誅求 かれんちゅうきゅう 61
夏炉冬扇 かろとうせん 73
頷下之珠 がんかのたま 105
汗牛充棟 かんぎゅうじゅうとう 23
管仲随馬 かんちゅうずいば 138
汗馬之労 かんばのろう 153
騏驥過隙 ききかげき 144
騎虎之勢 きこのいきおい 69
箕山之志 きざんのこころざし 15
箕山之節 きざんのせつ 15
疑心暗鬼 ぎしんあんき 125
帰馬放牛 きばほうぎゅう 33
驥服塩車 きふくえんしゃ 147
亀毛蛇足 きもうだそく 164
亀毛兎角 きもうとかく 85,164
牛飲馬食 ぎゅういんばしょく 38
窮猨投林 きゅうえんとうりん 197
牛鬼蛇神 ぎゅうきだしん 128
牛驥同皁 ぎゅうきどうそう 41,146
九牛一毛 きゅうぎゅういちもう 19
牛溲馬勃 ぎゅうしゅうばぼつ 38
牛首馬肉 ぎゅうしゅばにく 39,168
窮鼠嚙猫 きゅうそごうびょう 5
九腸寸断 きゅうちょうすんだん 192
牛刀割鶏 ぎゅうとうかっけい 215
牛糞馬涎 ぎゅうふんばえん 39
矯枉過直 きょうおうかちょく 26
矯角殺牛 きょうかくさつぎゅう 26
教猱升木 きょうどうしょうぼく 195
玉石混交 ぎょくせきこんこう 41
漁父之利 ぎょほのり 77
岐路亡羊 きろぼうよう 171
錦衣玉食 きんいぎょくしょく 141
金烏玉兎 きんうぎょくと 78
禽困覆車 きんこんふくしゃ 8
愚妻愚息 ぐさいぐそく 263
狗頭生角 くとうせいかく 164
狗吠緇衣 くはいしい 230
狗尾続貂 くびぞくちょう 236
君子豹変 くんしひょうへん 68
鯨飲馬食 げいいんばしょく 38
軽裘肥馬 けいきゅうひば 140
鶏群一鶴 けいぐんいっかく 219
鶏犬昇天 けいけんしょうてん 213
鶏犬相聞 けいけんそうぶん 34,212
鶏犬不寧 けいけんふねい 213
鶏口牛後 けいこうぎゅうご 22,215
鶏骨支床 けいこつししょう 225
荊妻豚児 けいさいとんじ 263
荊釵布裙 けいさいふくん 263
鶏皮鶴髪 けいひかくはつ 223
鶏皮三少 けいひさんしょう 223
鶏鳴狗盗 けいめいくとう 209,235
鶏鳴之助 けいめいのたすけ 208
犬猿之仲 けんえんのなか 230
懸崖勒馬 けんがいろくば 161
犬牙相錯 けんがそうさく 248
犬牙相制 けんがそうせい 248
見兎呼狗 けんとこく 73
犬兎之争 けんとのあらそい 76
見兎放狗 けんとほうく 73
見兎放鷹 けんとほうよう 73
犬馬之心 けんばのこころ 239
犬馬之情 けんばのじょう 239
犬馬之年 けんばのとし 241
犬馬之誠 けんばのまこと 239
犬馬之養 けんばのよう 243
犬馬之歯 けんばのよわい 240
犬馬之労 けんばのろう 240
牽羊悔亡 けんようかいぼう 182
光陰如箭 こういんじょせん 79
光陰流転 こういんるてん 79
狡兎三窟 こうとさんくつ 84
狡兎走狗 こうとそうく 72

四字熟語索引

【あ行】

按図索驥 あんずさくき 145
案図索駿 あんずさくしゅん 146
衣錦還郷 いきんかんきょう 190
衣錦之栄 いきんのえい 190
為虎傅翼 いこふよく 49
衣繡夜行 いしゅうやこう 190
為蛇画足 いだがそく 114
為蛇添足 いだてんそく 114
一牛鳴地 いちぎゅうめいち 33
一竜一蛇 いちりゅういちだ 257
一竜一猪 いちりゅういっちょ 256
鷸蚌之争 いつぼうのあらそい 77
委肉虎蹊 いにくこけい 53
意馬心猿 いばしんえん 193
以羊易牛 いようえきぎゅう 177
飲河満腹 いんがまんぷく 13
陰徳陽報 いんとくようほう 121
烏焉魯魚 うえんろぎょ 265
烏兎怱怱 うとそうそう 79
烏白馬角 うはくばかく 163
烏飛兎走 うひとそう 79
海千山千 うみせんやません 129,154
紆余委蛇 うよいだ 115
紆余曲折 うよきょくせつ 116
雲蒸竜変 うんじょうりゅうへん 98
雲泥之差 うんでいのさ 98
雲泥万里 うんでいばんり 98
雲竜井蛙 うんりゅうせいあ 98
雲竜風虎 うんりゅうふうこ 108
越犬吠雪 えつけんはいせつ 233
越鳥南枝 えつちょうなんし 137
蜿蜒長蛇 えんえんちょうだ 115
猿鶴沙虫 えんかくさちゅう 203
轅下之駒 えんかのこま 155
燕頷虎頸 えんがんこけい 51
猿穴壊山 えんけつかいざん 198
猿猴取月 えんこうしゅげつ 188
猿猴捉月 えんこうそくげつ 188
焉馬之誤 えんばのあやまり 265
猿臂之勢 えんぴのいきおい 200
偃武修学 えんぶしゅうがく 33
鳶目兎耳 えんもくとじ 83
猨狖失木 えんゆうしつぼく 194

【か行】

亥豕之譌 がいしのあやまり 265
海底撈月 かいていろうげつ 189
快犢破車 かいとくはしゃ 34
嫁鶏随鶏 かけいずいけい 208
家鶏野雉 かけいやち 222
家鶏野鶩 かけいやぼく 222
嫁狗随狗 かこうずいこう 209
画虎類狗 がこるいく 64
苛政猛虎 かせいもうこ 60
画蛇添足 がだてんそく 114
渇驥奔泉 かっきほんせん 145
禍福倚伏 かふくいふく 134
禍福糾纆 かふくきゅうぼく 134

[著者略歴]
諏訪原　研（すわはら　けん）
1954年，鹿児島県に生まれる。
大阪大学文学部卒業。
現在，河合塾講師。福岡市在住。
著書―『ちょっと気の利いた漢文こばなし集』（大修館書店，1999），
『漢語の語源ものがたり』（平凡社新書，2002）。

十二支《じゅうにし》の四字熟語《よじじゅくご》

NDC814 288p 19cm

初版第1刷――2005年11月1日
第3刷――2006年1月10日

著者――諏訪原《すわはら》 研《けん》
発行者――鈴木一行
発行所――株式会社大修館書店
〒101-8466　東京都千代田区神田錦町3-24
電話03-3295-6231（販売部）03-3294-2352（編集部）
振替00190-7-40504
[出版情報] http://www.taishukan.co.jp

装丁者――クリヤセイジ
印刷所――広研印刷
製本所――難波製本

ISBN4-469-23236-X　　Printed in Japan

諏訪原　研　著

ちょっと気の利いた

漢文こばなし集

古めかしくこむつかしいものばかりが漢文ではない！　その長い歴史の中から、ちょっと気の利いたおもしろい話二十余を紹介。中国四千年の頓知と笑いがここにある。

四六判・二五六頁・本体二、〇〇〇円

別役　実　著

左《と》見《み》右《こう》見《み》四字熟語

四字熟語の数々を取り上げてためつすがめつしながら、斬新で大胆な当世風解釈を与える抱腹絶倒、痛快無比のエッセイ集。著者一流のシニカルでブラックな筆致が冴えわたる。

四六判・二一八頁・本体一、五〇〇円

諸橋轍次　著

十二支物語〔新装版〕

『大漢和辞典』の著者がその研究の傍らに気楽に語る、十二支の動物にちなむ中国の故事と格言。その蘊蓄の深さと滋味あふれる語り口は、読者をして東洋の叡智の深淵に遊ばしめる。

四六判・二四四頁・本体一、四〇〇円

田部井文雄　編

大修館四字熟語辞典

漢和辞典の大修館が放つ、四字熟語辞典の決定版！　現代に必要な約二六五〇の四字熟語を精選。ていねいな意味解説に加え、著名な文章家による用例を付す。分類索引・漢字索引完備。

Ｂ6判・五六〇頁・本体二、二〇〇円